儿童心理健康教育

韩淑英　仲蕾蕾　著

北京工业大学出版社

图书在版编目（CIP）数据

儿童心理健康教育 / 韩淑英，仲蕾蕾著. -- 北京 :
北京工业大学出版社，2025. 1. — ISBN 978-7-5639
-8742-9

Ⅰ. G444

中国国家版本馆CIP数据核字第2024GE2760号

儿童心理健康教育

ERTONG XINLI JIANKANG JIAOYU

著　　者：韩淑英　仲蕾蕾
责任编辑：邹　怡
封面设计：文人雅士文化传媒
出版发行：北京工业大学出版社　http://press.bjut.edu.cn
（北京市朝阳区平乐园100号　邮编：100124）
010-67391722（传真）　bgdcbs@bjut.edu.cn
经销单位：全国各地新华书店
承印单位：廊坊市海涛印刷有限公司
开　　本：170毫米 × 240毫米　1/16
印　　张：12
字　　数：196千字
版　　次：2025年1月第1版
印　　次：2025年1月第1次印刷
标准书号：ISBN 978-7-5639-8742-9
定　　价：58.00元

前言

儿童心理健康教育在当今社会日益受到重视。作为孩子成长的重要组成部分，心理健康对他们的日常生活、学习表现以及未来发展产生着深远的影响。为了深入探讨和理解儿童心理健康的各个方面，《儿童心理健康教育》一书应运而生。

本书从儿童心理健康的定义和重要性入手，全面剖析了儿童心理健康的特点、影响因素以及教育的目标与原则。书中详细阐述了儿童情绪管理、行为习惯培养、社交技能发展以及自我认知与自尊培养等关键领域的内容，为读者提供了丰富的理论知识和实践指导。此外，本书还特别关注了家庭教育与儿童心理健康之间的联系，深入探讨了家庭教育方式对儿童心理健康的深远影响，介绍了科学有效的家庭教育方法，以促进儿童的全面发展。书中也强调了家校合作共育在儿童心理健康教育中的重要性，并提供了在家校合作共育模式下进行儿童心理健康教育的策略与实践案例。

儿童心理健康教育是当前教育阶段的重点，主要是根据儿童的心理特点，有针对性地运用科学的教育方法和手段对儿童开展心理健康教育，培养儿童形成良好的心理品质。在现代化的教育教学过程中，教师要在多维视角下开展心理健康教育，帮助儿童尽快适应学校的生活。此外，学校还要与家长共同协作，指导家长让儿童在温馨的家庭环境中学习和生活，从家校共育的角度对儿童进行心理健康教育。

本书旨在为读者提供一本全面、深入的指南，帮助读者更好地促进儿童的心理健康发展。希望这本书能为孩子们的健康成长贡献一份力量，助力每一位孩子在关爱和支持中茁壮成长，绽放自己的光彩。

目 录

第一章 儿童心理健康教育概述

儿童心理健康发展，是孩子成长过程中的重要任务。心理健康水平不仅影响着儿童的情绪稳定和行为表现，更是影响他们未来人生轨迹的关键因素。在儿童的成长过程中，除了身体的健康发育，其心理层面的健康发展同样至关重要。本章旨在全面阐述儿童心理健康的定义与重要性、特点与影响因素，以及儿童心理健康教育的目标与原则。通过深入了解这些内容，人们能更清晰地认识到儿童心理健康的重要性，从而为促进儿童的全面发展提供有力的支持。

第一节 儿童心理健康的定义与重要性

儿童期是人类生命周期中关键的发展阶段之一，心理健康问题可能会对儿童的学习、身体、人际关系和生活质量产生负面影响。良好的心理健康有助于儿童的认知、情感、社交和行为等正常发展。心理健康对培养儿童未来面向社会的适应性能力至关重要。一个心理健康的儿童能够集中注意力、处理情绪、解决问题，并且具备积极的态度和自信心，这将有助于其未来在社交环境中取得良好的表现，最大限度地发挥自己的才能。深入探讨儿童心理健康的定义与重要性，有助于更全面地理解儿童成长过程中的心理需求，及时发现和解决儿童遇到的心理问题，从而促进儿童身心的健康发展，为他们的未来奠定坚实基础。

一、儿童心理健康的定义

（一）儿童

“儿童”是一个相对宽泛的概念，通常指的是年龄较小的人类群体。一般来说，儿童时期被认为是人类成长过程中的一个阶段，涵盖了从出生到青春期之前的年龄段。

从法律的角度来看，不同国家和地区对儿童的定义和年龄界限可能有所不同。联合国制定的《儿童权利公约》将儿童界定为18岁以下的任何人。这意味着在该公约的语境下，儿童是指未满18岁的个体。在医学、心理学、教育学等领域，儿童期通常被细分为不同的阶段，如婴儿期、幼儿期、儿童早期、儿童中期和青春期前等。这些阶段的划分有助于专家更好地理解和研究儿童在不同年龄段的身心发展特点。在这个过程中，儿童经历着身体、认知、情感和社会性的快速发展和变化。

（二）心理健康

心理健康状况指的是心理状态和过程是否良好、持续。心理健康情况能够从生命的活力、内心体验是否积极、社会适应性是否良好等多个方面体现出来。作为社会中的一员，一个心理健康的人可以将其积极的社会功能有效地发挥出来。

与儿童生理健康相比，儿童的心理健康是指儿童在认知、情感、意志和行为等方面都保持一种良好、平衡的状态。这种状态使儿童能够适应环境，有效地学习，正常地交往和生活，具备积极向上的心态和应对各种挑战的能力。儿童心理健康不仅仅是指没有精神疾病，更重要的是儿童能够全面发展，实现自我价值。

儿童心理健康指的是一种心理状态，即心理没有疾病、具备良好的心理功能。这种健康状态表现为心理的正常与稳定，以及面对各种环境时展现出的优秀调控和适应能力，从而使儿童能够持续保持一种积极的状态。简而言之，儿童心理健康是儿童能够情绪稳定、正常地应对生活，保持积极向上的心态，有效发挥个人潜能的基础。儿童心理健康还涉及对心理健康状态的持续维护和提升。深入了解每个儿童的发展规律和个性特点，遵循这些规律，就能够有针对性地解决他们面临的问题。营造良好的环境，采用多种形式有效预防心理疾病，从而提升儿童的心理素质，维护和促进其心理活动的良好功能状态。在面对不断变化的环境时，儿童应能够灵活适应，并展现出完善的个性特征。他们的认知、意识和行为等应保持积极状态，自身具备良好的自我调控能力。在学习和生活中，儿童应能清晰地认识自我，自觉地控制自己的行为，正确对待外界的影响，以保持心理的平衡状态。简而言之，儿童心理健康的维护是一个综合的过程，旨在帮助儿童建立强大的心理素质，以更好地应对生活的挑战。

二、儿童心理发展的阶段性规律

（一）婴幼儿期：寻求关注，依赖性较强

婴幼儿期指从出生到2岁这段时间。婴幼儿主要通过感知和运动认识世界，并在成长初期逐渐发展出基本的生理运动技能，如翻身、爬行和行走。婴幼儿在适应外部环境的过程中，会体验到愉悦、不安等不同情绪，婴幼儿会通过笑、哭等表达自己的需求，并期待成人的回应和关注。

婴幼儿在成长初期开始逐步理解简单的语言和符号，认知能力在不断发展。他们通过触摸、咀嚼等方式探索周围的环境，或通过眼神、微笑和咿咿呀呀的声音引起他人的注意。婴幼儿在心理发展过程中一旦得不到周围人的关心与照顾，极易对外界特别是对周围的人产生害怕与怀疑的心理，以致影响下一阶段的顺利发展，进而形成缺乏安全感、猜疑、不信任、不友好等人格品质。

随着年龄的增长，其活动范围、生活内容、动作语言在逐渐发生变化，婴幼儿的注意力也会逐步增强。

（二）幼儿期：探索世界，认知性增强

幼儿期指2岁至6岁。幼儿在此阶段的语言和认知能力得到了显著的发展，幼儿的心理状态开始有独立自主的要求，他们开始尝试使用语言表达自己的需求和想法，试图理解抽象的概念，并通过学习认识字母、数字和颜色等内容，进行简单的逻辑思维并解决问题。此阶段幼儿的记忆特点是时间短、内容少，易记忆带有欢乐、愤怒、恐惧等情绪的事情，且以机械记忆为主。随着年龄的增长，有意识的逻辑记忆逐渐发展，记忆内容越来越广泛、复杂，记忆时间也越来越长。

在自我意识发展过程中，幼儿的心理想象力和创造力得到大幅度的发展。幼儿往往会在自我意识发展中通过角色扮演、天马行空的语言表达等方式，展示丰富的想象力，进而创造属于自己的故事和情节。幼儿在心理发展过程中会逐渐控制自己的情绪和行为，并能够在家长的引导下遵守规则和完成简单的任务。

2～6岁的学前儿童多数处在幼儿园阶段。这一阶段是他们良好心理品质和

健全人格形成的关键期，其心理健康水平会对其他方面的发展产生重要影响。幼儿园应基于儿童心理发展特征和真实的心理需求，整体推进幼儿心理健康教育。幼儿园应构建面向全体幼儿、预防与矫治并重的课程内容体系，充分发挥环境、活动、教学方式、育人主体等要素整体育人的功效，从而让心理健康教育真正关注和回应儿童的成长需要，培育幼儿的积极心理品质，促进所有儿童富有个性地全面发展。

（三）童年期：自我认同，独立性提升

童年期指6岁至12岁。在此阶段，儿童的肌肉运动与言语能力快速发展。受周围环境、家庭的影响，儿童的认知能力和社交能力在飞速发展，性格、价值观和世界观认知雏形开始建立。通过系统性阅读、写作和数学等知识的引导，儿童得以形成科学的基础认知，逐渐学会综合、分析、分类、比较等抽象思维方法，使思维具有目的性、灵活性和判断性，在此基础上进一步发展独立思考能力，解决问题和批判性思维的能力明显提升。

童年期儿童的心理也逐步开始成熟，许多儿童的自尊心和自信心开始显露，儿童与儿童之间也开始建立更加稳定的友谊，并逐渐明确自己在不同环境中的身份和角色。在情绪上，儿童开始学会自我管理，能够完成简单的日常任务，并逐渐承担自己在各类环境中的职责，其心理特征表现为独立性和责任意识不断增强，自我认同感逐渐提升。

（四）少年初期：独立自主，叛逆性初显

少年初期指12岁至15岁。儿童进入青春期后，会经历身体发育的各个阶段，如身高增长、声音变化、体毛生长等，个性特征和心理状态也会发生重要变化。儿童也开始更加关注自己的性别身份，并开始思考自己的价值观、兴趣爱好、个性特点及所处环境等，并尝试找到自己独特的身份和社会属性。由于生理和自我意识的急剧变化，有时儿童的情绪容易过于激动。

处于少年初期阶段的儿童，情绪往往变化明显，开始更加重视和依赖同伴关系，并渴望与同龄人建立亲密的友谊，寻求归属感和支持，思想方法、情绪反应和行为风格会发生巨大改变，他们也逐步开始对异性产生兴趣。由于身体和心理上的变化，此阶段的儿童常会经历情绪上和心理上的高峰和低谷，极易

与家人或同伴产生正面冲突，容易产生悲伤、困惑、失败、挫折等消极情绪。尽管此阶段儿童的叛逆性初显，但叛逆性通常不会持续很久。

（五）少年晚期：逐步成熟，思维能力形成

少年晚期指15岁至18岁。青春期是充满变化和挑战的阶段，此时期也是人格发展培育的关键时期。此时的儿童心理状态正处于“疾风暴雨”的时期（也被称为“第二反抗期”），心理发展往往面临转折和危机，他们会对自我意识的确定和自我角色的形成产生怀疑和思索，思维将变得更加抽象和复杂。经历青春叛逆期初期的儿童，已经有了独立思考和判断事物的能力，精力充沛、思维活跃、活泼好动、办事积极，表现出奔放、果断和成熟的心理特点。

少年晚期阶段的儿童开始更加独立地决策和解决问题，承担更多的责任，开始注重自我管理，自我意识、心理建设和思维能力在后期会进一步成熟，能够进行更加抽象和复杂的思考，并尝试运用逻辑和推理解决问题，进而形成自己的价值观和世界观，具有灵活的应变能力、强烈的责任感和良好的自制力。

三、儿童心理健康的核心要素

（一）认知能力

儿童的认知能力是随着年龄的增长而不断发展的，是他们探索世界、学习新知识的基础。这种能力与儿童的大脑发育密切相关，包括注意力、记忆力、想象力和思维能力等多个方面。

1. 注意力

注意力是认知能力的基础。儿童需要能够集中精力关注特定的任务或活动，屏蔽掉无关的信息。随着年龄的增长，他们的注意力持续时间会逐渐延长，这有助于他们更深入地学习和理解事物。例如，在课堂上，儿童需要集中注意力听老师讲课，理解并吸收新知识。

2. 记忆力

儿童需要能够记住新学到的知识、经验和技能，以便在未来的学习和生活中应用。记忆力的提升不仅有助于学习成绩的提高，还能增强儿童的自信心和自我效能感。例如，通过反复练习和记忆，儿童可以熟练掌握乘法口诀，从而

提高数学运算能力。

3. 想象力

想象力允许儿童在头脑中创造出新的形象和场景，有助于他们更好地理解抽象概念和进行创造性思维。想象力丰富的儿童往往更具创新精神，能够提出新颖的想法和解决方案。例如，在编故事或画画时，儿童可以凭借想象力创造出丰富多彩的情节和画面。

4. 思维能力

思维能力是儿童进行逻辑推理、分析问题和解决问题的能力。随着年龄的增长，儿童的思维能力逐渐从具体形象思维向抽象逻辑思维过渡。他们开始能够理解更复杂的概念和关系，进行更深入的思考和推理。例如，在解决数学问题时，儿童需要运用逻辑思维能力来分析和推理，找出正确的答案。

这些能力共同作用于儿童的学习和认知发展，帮助他们更好地理解和应对周围的世界。因此，家长和教育工作者应该关注并促进儿童认知能力的发展，为他们提供丰富多样的学习资源和活动，激发他们的学习兴趣和动力。

（二）情绪稳定

情绪稳定是儿童的心理健康的重要标志。它要求儿童能够识别、管理和表达自己的情绪，对挫折和冲突有适当的反应，能够在情绪波动后迅速恢复平衡状态。

1. 情绪识别

情绪识别是情绪稳定的基础。儿童需要学会准确地识别和命名自己的情绪，无论是快乐、悲伤、愤怒还是恐惧。这种识别能力有助于他们更好地理解自己内心的感受，从而为情绪管理打下基础。例如，当儿童感到难过时，如果能够识别出这种情绪，他们就可以采取相应的策略来应对。

2. 情绪管理

情绪管理是情绪稳定的核心。儿童需要学会调节和控制自己的情绪，避免过度反应或情绪失控。这包括使用深呼吸、冥想等技巧来平复激动的心情，或者通过与他人交流、参加放松活动等方式来转移注意力。良好的情绪管理能力有助于儿童在面对挑战和困难时保持冷静和理智。

3. 情绪表达

情绪表达指个体通过言语、面部表情、身体语言等方式将内在情感展现给他人的过程。儿童情绪表达在心理学研究中占重要地位，不仅反映了儿童内心体验的真实性，也是儿童与家庭、同伴及社会互动的核心媒介。通过情绪表达，儿童可以建立情感连接，获取他人的理解和支持，这对个体心理健康的发展具有深远影响。

4. 恢复情绪平衡

在面对挫折和冲突后，儿童应能够迅速调整自己的情绪，重新恢复到平衡状态。这需要他们具备一定的心理韧性和自我调节能力。例如，当儿童在比赛中失败时，他们可以通过积极的自我对话和寻求社会支持来恢复情绪平衡，从而以更积极的心态面对未来的挑战。

这些能力不仅有助于儿童更好地应对生活中的挫折和冲突，还能促进他们的社会适应和人际交往能力的发展。

（三）意志品质

意志品质体现了儿童在面对困难和挑战时的态度和行为。一个具备坚韧不拔意志的儿童，能够在逆境中保持积极的心态，勇往直前，不轻易放弃。

1. 坚韧不拔

坚韧不拔是意志品质的核心。这意味着儿童在面对挫折和困难时，能够坚持不懈，不轻言放弃。他们理解到，成功往往需要长时间的努力和坚持，而这种坚持正是实现目标的关键。例如，在学习新知识或技能时，坚韧不拔的儿童会反复练习，直到熟练掌握，而不是在遇到困难时就选择放弃。

2. 积极面对挑战

具备这种品质的儿童，会把挑战看作是成长的机会，而不是障碍。他们乐于接受新的任务和挑战，相信自己有能力克服任何困难。这种积极的心态不仅有助于他们在面对困难时保持冷静和乐观，还能激发他们的创造力，提高他们解决问题的能力。

3. 自我控制和自律能力

意志品质还体现在儿童的自我控制和自律能力上。他们能够抵制诱惑，坚持完成自己的任务和目标，而不是被即时的满足所左右。这种自律精神不仅有助于他们在学习上取得更好的成绩，还能培养他们的责任感和自主性。

意志品质是儿童在面对困难和挑战时的重要心理资源。它不仅能帮助儿童在逆境中保持积极的心态，还能激发他们的创造力，提高他们解决问题的能力。

（四）社会适应

社会适应是儿童成长过程中需要逐渐掌握的重要能力，它涉及儿童如何融入不同的社会环境，处理复杂的人际关系，以及如何在社会中规范自己的行为。

1. 适应不同的社会环境

适应不同的社会环境对于儿童来说是一项挑战也是一次成长的机会。无论是在学校、家庭、社区中还是在其他公共场所，儿童都需要学会如何根据不同的环境调整自己的行为。例如，在学校，他们需要遵守课堂纪律，积极参与学习活动；在公共场所，他们需要懂得排队、礼让和保持安静等基本的社会礼仪。

2. 处理人际关系

儿童需要学会与不同年龄、性别和文化背景的人交往，建立起健康的人际关系。他们应该懂得尊重他人，善于倾听他人的意见，能够勇敢地表达自己的想法和需求。通过与他人良好的沟通和互动，儿童可以更好地融入社会，形成积极的社会支持系统。

3. 与他人合作和建立友谊

儿童需要学会与他人携手合作，共同完成任务或解决问题。在合作过程中，他们需要学会分工协作、互相支持和分享成果。通过与他人建立友谊，儿童可以获得更多的情感支持和社交资源，这些都有助于他们的心理健康和社会适应。

4. 遵守社会规范

儿童需要了解并遵守各种社会规范，如法律法规、道德准则和公共秩序等。这不仅有助于维护社会的和谐稳定，也能帮助儿童形成良好的行为习惯和道德品质。例如，遵守交通规则可以保证道路安全，尊重他人的知识产权有助于维护社会的公平正义。

四、儿童心理健康的重要性

（一）影响学习和认知能力

心理健康的儿童往往能够更轻松地集中注意力，这是因为他们的心理状态稳定，没有过多的焦虑和干扰。当处于学习状态时，他们可以全身心地投入到课本或课堂中，从而对学习保持高度的兴趣和积极性。这种高度的专注力不仅提高了他们的学习效率，还使他们在理解和处理信息时表现出更高的敏锐度和准确性。无论是阅读、数学推理还是科学实验，他们都能够迅速捕捉要点，进行深入的分析和思考。此外，心理健康的儿童在进行逻辑推理时也表现得更为出色。他们能够清晰地梳理思路，从多个角度去分析和解决问题。这种能力不仅有助于他们在学校中取得优异的成绩，还为他们未来的生活和工作打下了坚实的基础。相反，心理不健康的儿童可能会面临一系列的困扰。焦虑、抑郁或其他心理问题可能会严重分散他们的注意力，导致他们无法集中精力学习。这种情况下，他们可能难以理解和吸收新知识，逻辑推理能力也会受到影响。长期下去，这种心理状态不仅会对他们的学习效果产生负面影响，还可能阻碍他们的整体发展。

（二）塑造个性和品格

心理健康对儿童个性和品格的塑造具有决定性的影响。心理健康的儿童在成长过程中更容易形成积极、乐观和自信的个性。他们面对生活的态度是积极向上的，对困难和挑战持有积极应对的心态。这种心态不仅让他们在身处逆境时能够保持冷静和乐观，还促使他们勇敢地迎接每一个挑战，不轻易放弃。这种坚韧不拔和积极向上的个性，在儿童成长的各个阶段都发挥着重要作用。在学校中，这样的儿童更有可能主动参与课堂讨论，积极争取表现机会，从而在学习上取得更好的成绩。在社交场合中，他们也更能够自如地与他人交往，建立起广泛而深厚的人际关系。这些积极、乐观和自信的品质会伴随儿童一生，对他们未来的发展产生深远影响。无论是在学业、职业还是个人生活中，这样的品格都会成为他们取得成功的关键因素。例如，在职场上，具备这些品质的人更有可能获得晋升和成功的机会，因为他们敢于担当，勇于创新，且能够坚持不懈地追求自己的目标。

（三）决定社会适应能力

心理健康的儿童往往能够更迅速地适应不同的社会环境和复杂的人际关系。他们具备较强的观察力、理解力和同理心，这使得他们能够轻松地洞察和理解周围人的情感和需求，进而在社交场合中表现得更加得体、自信。

这类儿童在与他人交往时，更容易与他人建立起良好的互动和合作关系。他们懂得倾听和尊重他人，能够积极地参与团队活动，为集体的成功贡献自己的力量。他们擅长处理人际关系中的冲突和矛盾，能够以平和、理性的态度面对问题，寻求双方都能接受的解决方案。心理健康的儿童还更懂得如何遵守社会规范，他们明白在特定的社会环境中应该如何行事，这既保护了他们自己，也维护了社会的和谐稳定。这种对社会规范的敏感性和遵从性，将为他们在未来的社会交往、职业发展和社会融入方面奠定坚实的基础。

（四）预防心理和行为问题

关注儿童心理健康，及时发现和解决心理问题，是预防心理和行为问题发生的关键。许多成年期的心理和行为问题，如抑郁症、焦虑症、人际关系障碍等，都可以追溯到童年时期的心理创伤或忽视。这些早期的不良经历可能会对儿童的神经系统和心理发展造成长期影响，增加未来出现心理问题的风险。因此，关注儿童的心理健康，及时发现并解决他们存在的心理问题，如情绪困扰、自卑感、社交障碍等，可以有效预防这些问题在未来演变为更严重的心理和行为障碍。这不仅能够保障儿童的身心健康，还能够减少他们未来面临的社会适应困难和生活挑战。

（五）促进全面发展

心理健康是儿童全面发展的基石，它涉及德、智、体、美、劳五个方面。一个心理健康的儿童，不仅要在智力上有所发展，更要在道德、体育、审美、劳动方面得到均衡提升。

在道德方面，心理健康的儿童往往具有积极向上的价值观和道德观念。他们能够明辨是非，懂得尊重他人，有责任感和同情心，这些品质都是成为一个有道德的人的基础。在智力发展上，心理健康有助于儿童更好地集中注意力，提高学习和认知能力。他们能够更快地吸收新知识，更准确地理解和处理信息，从而在学习上取得更好的成绩。在体育方面，心理健康的儿童往往拥有良好的身体素质和运动能力。他们热爱运动，积极参与体育活动，这不仅有助于身体健康，还能培养他们的团队合作精神和竞争意识。在审美教育上，心理健康的儿童更容易发现和欣赏美的事物。他们具有较高的审美能力和创造力，能够更好地理解和表现艺术的美，从而提升自己的生活品质。在劳动方面，心理健康的儿童通常更愿意参与劳动和实践活动。他们懂得珍惜劳动成果，尊重他人的劳动，并愿意付出努力来实现自己的目标。

第二节　儿童心理健康的特点与影响因素

儿童心理健康是儿童全面发展的重要基石，它涉及儿童的情绪、认知、社交和行为等多个方面。在当今社会，随着生活节奏的加快和竞争压力的增大，儿童心理健康问题日益受到广泛关注。了解儿童心理健康的特点和影响因素，对于促进儿童健康成长、预防心理问题具有重要意义。儿童心理健康不仅关乎儿童的当下幸福，更对其未来的学习、工作和生活产生深远影响。一个心理健康的儿童，通常能够积极面对生活中的挑战，更好地适应社会环境，建立和谐的人际关系，并展现出更强的创造力和竞争力。相反，心理不健康的儿童可能会面临更多的困扰和障碍，影响其正常成长和发展。

一、儿童心理健康的特点

（一）情绪稳定与积极

儿童情绪稳定的表现：情绪基本上是愉快、稳定的，不经常发怒，不无故摔打玩具或其他物品。生活起居正常，能按时入睡，睡眠安稳，少梦魇，无吮吸手指或咬物入睡的习惯。基本上能听从成人的合理嘱咐，不过分地挑食、拣穿，不经常无理取闹。一个情绪稳定的儿童能够更好地应对生活中的各种挑战和变故，保持内心的平静与安宁。这种稳定性有助于他们在学习、社交和日常生活中表现出色，使他们在面对压力和困难时展现出坚韧不拔的品质。

1. 儿童情绪稳定和积极的重要性

稳定的情绪，是儿童身心健康的重要组成部分。当孩子情绪稳定时，他们的生理和心理健康状况也往往更加良好，更能够有效地应对各种生活挑战。情绪稳定的儿童更容易与他人建立良好的关系，因为他们能够更好地理解和表达自己的情感，也更能够理解和接纳他人的情感。情绪稳定的儿童在学习和适应新环境时更具优势，他们能够更专注于学习任务，更积极地参与课堂活动，更快速地适应新环境和新挑战。

积极情绪有助于儿童建立积极的心态，提高自信心和自尊心。在面对困难和挑战时，他们能够更加乐观地看待问题，寻找解决问题的方法。积极情绪能够激发儿童的创造力和想象力，让他们更加愿意尝试新事物，探索未知领域，这种创造力和想象力对于儿童的学习和成长至关重要。积极情绪有助于儿童建立良好的人际关系，提高他们的社交能力，在与他人交往时，他们能够更加积极地参与互动，增进彼此之间的了解和信任。

2. 促进儿童情绪稳定和积极的方法

家长应为儿童提供一个充满爱、尊重和关注的家庭环境，让他们感受到被接纳和认可。家庭中的每个成员都应尽量为孩子提供情感支持，让他们在面对困难时能够感到有后盾。家长应为儿童制订规律的作息时间表，包括固定的起床、吃饭、学习和睡觉时间。这有助于儿童建立稳定的生物钟，减少因生活不规律带来的情绪波动。

另外，家长和老师要教会儿童识别和理解自己的情绪，让他们知道如何表达自己的情感需求；要教会他们如何应对负面情绪，如通过深呼吸、冥想等方法来平复心情。

当儿童表现出积极的行为和态度时，家长和老师应及时给予积极反馈和鼓励，这有助于增强儿童的自信心和自尊心，让他们更加愿意展现自己的优点和特长；鼓励儿童参与自己感兴趣的活动和课程，如绘画、音乐、运动等，这些活动能够激发儿童的创造力和想象力，让他们在快乐中感受到积极情绪的力量。家长和老师应以身作则，成为儿童情绪积极的榜样；在面对困难和挑战时，他们应展现出乐观、坚韧的品质，为儿童树立一个良好的榜样。

（二）良好的社交能力

儿童在成长过程中需要与他人建立积极的关系，学习他人的经验，以及与他人沟通协调、合作完成工作。良好的社交能力包括乐于与人交往，助人为乐，与人为善，能正确处理矛盾纠纷，尊重他人，懂得赞美他人，学会分享和合作。良好的社交能力是儿童健康成长和全面发展的重要保障。这种能力不仅有助于儿童在社交环境中建立和谐的人际关系，还对他们的心理、情感以及认知能力的发展具有深远影响。

儿童能够清晰、准确地表达自己的想法、感受和需求，这是社交能力的基础。他们能够倾听他人的发言，理解他人的观点和感受，并做出适当的回应。良好的沟通与表达能力有助于儿童在社交中避免误解和冲突，促进彼此之间的理解和信任。儿童愿意与他人合作，共同完成任务或解决问题，这种合作精神能够增进他们之间的友谊和信任。能够主动分享自己的资源，如玩具、食物等，这种分享精神有助于培养儿童慷慨的品格和同情心。合作与分享精神有助于儿童在团队中发挥自己的优势，能够让他们学会尊重他人的贡献。儿童能够识别并表达自己的情感，如喜悦、愤怒、悲伤等，这种情感管理能力有助于他们更好地理解自己的内心需求。他们能够调整自己的情绪，以适应不同的社交环境，避免过度情绪化或冷漠。情感管理能力有助于儿童在社交中保持冷静和理智，更好地处理人际关系中的冲突和问题。儿童在社交中遇到问题时，能够冷静地分析问题，找到解决问题的方法，并寻求他人的帮助和支持。能够灵活地应对各种社交场景，如与陌生人交往、处理冲突等。解决问题的能力有助于儿童在社交中更加自信和从容，更好地应对各种挑战。儿童能够适应新的社交环境，如幼儿园、小学等，与新朋友建立联系，融入新的集体。能够快速地适应不同的社交规则和文化背景，避免文化冲突和误解。适应新环境的能力有助于儿童在社交中更加开放和包容，增强他们的适应性和创造力。儿童能够理解和关心他人的感受和需求，表现出同情心和关爱意识。愿意帮助他人解决问题和困难，表现出乐于助人的精神。同情心与关爱意识有助于儿童在社交中建立深厚的友谊和信任关系，促进人际关系的和谐发展。

（三）自我认知清晰

儿童自我认知清晰是指儿童能够准确地了解自己的情感、能力、兴趣、价值观以及在社会中的角色和地位。自我认知清晰有助于儿童建立自信，当儿童对自己有了清晰的认识时，他们就能更好地理解自己的需求和动机，从而更好地管理自己的情绪和行为。

儿童能够识别并表达自己的情感，如快乐、悲伤、愤怒等。他们了解自己的情绪反应，并知道如何适当地表达这些情感。情感认知有助于培养儿童的情绪管理能力，使他们避免过度的情绪化反应，并更好地理解和回应他人的情感。儿童了解自己的长处和短处、知道自己的优势和需要改进的地方。他们能够客观地评估自己的能力，并根据实际情况调整自己的行为和期望。能力认知有助于儿童设定合适的目标，并为之付出努力。它还能帮助儿童在面对挑战时保持自信和积极的态度。儿童了解自己的兴趣和喜好，知道自己对什么感兴趣并愿意投入时间和精力。他们有自己的价值观和信念，能够做出符合自己价值观的选择。兴趣与价值观认知有助于儿童发展自己的个性和特长，并在未来选择适合自己的职业和生活方式。儿童了解自己在家庭、学校和社会中的角色和地位，知道自己与他人的关系以及自己应该承担的责任。角色与地位认知有助于儿童建立责任感和社会意识，懂得尊重他人并履行自己的义务。儿童能够对自己的行为、决策和感受进行反思，了解自己的优点和不足，并寻求改进的方法。自我反思与成长有助于儿童不断学习和进步，形成积极的学习态度和人生观。

（四）适应能力强

在社会生活环境中，适应能力强的儿童易于接受新事物、新观念，思想和行动与时代同步。面对困难和挑战时，能够积极寻找解决办法，不轻易放弃。能够快速适应新环境和新任务，表现出较强的适应性和灵活性。能够迅速调整自己的情绪以适应不同的环境和情境。他们在面对变化或挑战时，能够保持冷静、乐观和积极的态度，而不是过度焦虑或沮丧。能够快速地适应新的社交环境，与新朋友建立联系，融入新的集体。他们善于观察和模仿他人，能够迅速适应不同的社交规则和期望。能够适应不同的学习方式和教学风格，快速掌握新的知识和技能。他们乐于接受新的挑战和机会，对学习保持好奇心和求知欲。能够灵活地适应不同的物理环境，如家庭、学校、公园等。他们能够在不同的环境中找到适合自己的活动和游戏，并享受其中。能够根据社会规则和期望调整自己的行为。他们能够遵守纪律、尊重他人、分享资源，并展现出良好的行为习惯。适应能力强的儿童在面对问题时，能够主动思考、寻求解决方案，并尝试不同的方法直到找到答案。他们具有灵活的思维和解决问题的能力。适应能力强的儿童能够适应失败和挫折，从失败中吸取教训，并调整自己的策略。他们具有弹性思维，能够迅速从不利情境中恢复过来，保持积极的态度和动力。

（五）具有创造力和想象力

创造力和想象力是儿童心理健康的重要组成部分，它们有助于儿童发展创新思维和解决问题的能力，能激发儿童的好奇心和探索欲望，促进他们的全面发展。儿童具有创造力和想象力，这是他们独特的天赋和优势。这种创造力和想象力不仅有助于儿童在认知和情感上的发展，还为他们提供了探索世界、解决问题的新视角和方法。

儿童能够提出新颖、独特的想法和观点，不满足于传统的答案或解决方案。善于从多个角度思考问题，能够将不同的元素重新组合，创造出新的东西。拥有丰富的内心世界和想象力，能够创造出自己想象中的世界和角色。他们能够沉浸在自己的想象世界中，享受创造和幻想的乐趣。通过绘画、手工制作、音乐、舞蹈等艺术形式展现自己的创造力和想象力。他们能够将自己的想象转化为具体的作品，展现出独特的艺术风格和个性。喜欢编造故事，能够构思出引人入胜的情节和角色。能够运用想象力和创造力，将平凡的事物编织成富有想象力和趣味性的故事。儿童的创造力和想象力有助于他们解决现实生活中的问题。能够从多个角度思考问题，提出创新的解决方案，并勇于尝试和实践。儿童对周围的世界充满好奇，喜欢探索未知的事物和领域。好奇心和求知欲能够激发他们的创造力和想象力，推动他们不断地学习和成长。儿童在游戏中展现出丰富的想象力和创造力，通过角色扮演、模拟生活等方式，创造出各种有趣的场景和情节。游戏不仅有助于儿童发展社交技能，还能激发他们的创造力和想象力。

为了培养儿童的创造力和想象力，家长和教育者可以提供丰富的材料和环境，如玩具、书籍、音乐、艺术材料等，以激发他们的创造力和想象力。鼓励儿童尝试新的事物和领域，探索未知的世界。即使他们失败了或遇到了困难，也要给予他们支持和鼓励。认真倾听儿童的想法和创意，给予积极的反馈和建议，不要轻易否定或批评，而是要鼓励他们勇敢地表达自己的观点。引导儿童观察周围的世界，发现其中的规律和特点，鼓励他们思考问题产生的原因和解决方法，培养他们的逻辑思维能力。为其提供创造和表达的机会，如绘画、手工制作、音乐、舞蹈等。让儿童能够将自己的想象和创意转化为具体的作品，并享受创造和表达的乐趣。

二、影响儿童心理健康的因素

影响儿童心理健康的因素是一个多维度的复合体，它涵盖了生物遗传、身体健康、家庭环境、学校环境、社会文化背景以及儿童个人性格特质及经历等多个方面。

1. 生物遗传因素

生物遗传因素奠定了儿童心理健康的基础，遗传疾病或家族病史可能增加儿童出现心理问题的风险，例如，单卵双生子的抑郁症、焦虑症、强迫症的发病率比异卵双生子要高，这表明遗传因素在心理健康问题中扮演着重要角色。有精神病家族史的人在性格上可能表现出自私、不合群、自我中心等不良特征，这些特征在日后的成长中可能导致心理问题的发生。基因与某些心理特征（如情绪稳定性、智力水平、个性特质等）之间存在关联。例如，一些研究发现，遗传因素在焦虑和抑郁等心理疾病的发病中起着重要作用。遗传因素还可以影响儿童对环境的反应方式，从而影响他们的心理健康。一些儿童可能天生就更敏感或更容易受到外界刺激的影响。生理发育状况对其心理健康有直接影响。例如，营养不良、慢性疾病或身体残疾等生理问题可能导致儿童在社交、学习和情感方面面临困难，进而影响他们的心理健康。生理发育的不平衡或异常也可能与某些心理疾病的发生有关。例如，神经递质的不平衡可能与情绪障碍和精神疾病有关。大脑是心理活动的物质基础，其结构和功能对儿童心理健康具有重要影响。例如，大脑前额叶的发育与儿童的认知、情感和行为控制密切相关。前额叶发育不良的儿童可能表现出情绪不稳定、冲动行为和学习困难等问题。神经影像学研究表明，某些心理疾病可能与大脑特定区域的异常有关。这些异常可能涉及神经元连接、神经递质传递或大脑结构等方面。良好的睡眠习惯有助于儿童维持稳定的情绪状态、提高注意力和学习能力。相反，睡眠不足或睡眠质量差可能导致儿童出现焦虑、抑郁和行为问题。生物节律的紊乱也可能影响儿童的心理健康。例如，昼夜颠倒或长期熬夜可能导致儿童出现情绪不稳定和睡眠障碍等问题。

2. 身体健康因素

身体健康状况直接影响儿童的心理状态，任何身体上的不适或疾病都可能对心理造成压力，例如，患有先天性遗传病（如矮小症）的儿童容易产生自卑心理，这种自卑感会对他们的心理健康造成一定的伤害。

3. 家庭环境因素

家庭是儿童成长的摇篮，家庭环境对儿童心理健康的影响不言而喻。父母的教育方式、家庭氛围、父母之间的关系等都会影响儿童的性格发展、习惯养成和心理健康。如果父母的教育方式不当或父母经常当着儿童的面吵架，容易影响儿童的性格发展和习惯养成，进而对其心理健康造成一定的伤害。一个充满爱、尊重和理解的家庭环境有助于儿童形成积极健康的心理状态，而一个充满冲突、冷漠或忽视的家庭环境则可能导致儿童出现心理问题。社会经济地位较高的家庭通常能够为儿童提供更好的教育、医疗和生活条件，有利于儿童的心理健康发展。而社会经济地位较低的家庭可能面临更多的生活压力和困难，这些压力可能会通过家庭传递给儿童，影响他们的心理健康。父母的心理健康状况对儿童的心理健康有直接影响。父母的心理问题，如抑郁、焦虑等，可能会通过家庭氛围、亲子互动等方式传递给儿童，导致儿童出现类似的心理问题。父母需要关注自己的心理健康状况，及时寻求帮助和支持，为儿童创造一个健康的成长环境。家庭结构的变化，如离婚、再婚等，会对儿童的心理健康产生显著影响。这些变化可能导致儿童面临更多的压力和挑战，需要他们重新适应新的家庭环境和角色。在这种情况下，家庭需要给予儿童更多的关爱和支持，帮助他们渡过难关。

4. 学校环境因素

学校环境同样对儿童的心理健康产生着重要影响。老师的教育方式、同学之间的关系、学校的教育氛围等都会对儿童的心理产生影响，良好的学校环境有助于儿童形成积极的学习态度和良好的社交技能，而不良的学校环境则可能导致儿童出现学习困难、社交障碍等问题。一个积极的学习环境可以激发儿童的学习兴趣和动力，增强他们的学习成就感；而乏味、单调的学习环境可能会使学习变得无聊，并引发儿童的心理健康问题。教师在师生互动中担任主要的角色，他们需要关注儿童的成长与发展，并及时为他们提供精神和心理上的支持。师生之间的互信关系对于儿童的心理健康至关重要。

5. 社会文化背景因素

不同的社会文化背景对儿童的心理健康有不同的期望和要求，这些期望和要求会影响儿童的心理发展，社会上的各种事件和现象也会对儿童的心理产生影响，儿童时期的经历，特别是那些与重要他人（如父母、老师）的互动经历，会对儿童的心理产生深远的影响。如果儿童在成长过程中没有得到足够的爱、关注和支持，或者经历了创伤性事件，这些经历都可能对儿童的心理健康造成长期的负面影响。儿童生活的社区环境对其心理健康也有重要影响。一个和谐、友善、积极的社区环境有助于儿童的心理健康发展，并为他们提供安全的成长环境。社会支持网络对儿童心理健康的影响也非常重要。一个健全的社会支持网络可以为儿童提供情感支持、信息支持和物质支持，帮助他们应对生活中的挑战和困难。如果儿童缺乏社会支持网络，他们可能会感到孤独、无助和沮丧，这可能导致心理健康问题。

6. 儿童个人性格特质及经历因素

儿童的性格特质对其心理健康具有重要影响。一些积极的性格特质如乐观、自信等有助于儿童应对生活中的挑战和压力，而一些消极的性格特质如悲观、自卑等则可能使儿童更容易产生心理问题。气质是儿童天生的心理特征之一，对其心理健康具有重要影响。不同气质类型的儿童在应对环境刺激时会表现出不同的反应和行为模式。每个儿童都有其独特的个性特质，如内向、外向、敏感、坚韧等。这些特质决定了儿童在面对压力、挑战和困难时的反应方式，进而影响其心理健康。例如，内向的儿童可能更容易感到孤独和焦虑，而外向的儿童可能更善于应对社交压力。兴趣爱好是儿童个人特质的重要组成部分，对其心理健康具有积极影响。丰富的兴趣爱好可以激发儿童的学习兴趣和创造力，促进其全面发展。为了引导儿童发展积极的个人特质，家长和学校应关注儿童的兴趣爱好并为其提供丰富的资源和支持。家长和学校还应关注儿童的心理健康状况，及时发现和干预心理问题，为儿童提供全面的心理支持和帮助。

儿童在成长过程中会面临各种压力，如学业压力、社交压力等。他们的应对方式将直接影响其心理健康。一些儿童可能采取积极的应对方式，如寻求帮助、制订计划等，而另一些儿童可能采取消极的应对方式，如逃避、否认等。消极的应对方式可能导致心理健康问题。儿童的生活经历，如家庭变故、创伤事件等，都可能对其心理健康产生影响。这些经历可能导致儿童产生负面情绪，如恐惧、愤怒、悲伤等，进而引发心理健康问题。

为了促进儿童的心理健康发展，我们需要从多个方面入手，包括优化生物遗传因素、保障身体健康、改善家庭和学校环境、营造良好的社会文化氛围以及关注儿童个人经历等。只有这样，我们才能为儿童创造一个健康、和谐、积极的成长环境，促进其心理健康发展。

第三节　儿童心理健康教育的目标与原则

儿童时期是身体发育的黄金时期，更是心理、情感和社会性发展的重要时期。儿童的心理健康不仅关系到他们当前的快乐成长，更对他们未来的全面发展和社会适应能力产生深远的影响。随着社会的快速发展和竞争的日益激烈，儿童面临的压力和挑战也日益增多。他们可能会面临学习压力、家庭问题、社交困扰等多方面的挑战，这些挑战都可能对他们的心理健康产生不良影响。系统的儿童心理健康教育可以帮助儿童形成健康的心理品质，提高他们应对挑战和压力的能力，促进他们的全面发展。

一、儿童心理健康教育的目标

儿童心理健康教育的目标是培养儿童健康的心理品质，促进他们心理、情感、社会性的和谐发展。其中包括：帮助儿童建立正确的自我认知，培养自尊和自信；发展情绪调节能力，学会适当表达情感；培养良好的人际关系和社交技能；激发创造力和想象力，培养创新思维；提高问题解决能力和适应能力。在教育过程中应遵循一定的原则，以确保教育的科学性和有效性。

（一）培养积极的自我认知

儿童需要形成积极的自我认知，这包括认识自己的优点、劣势、价值观、兴趣和目标。通过教育，儿童能够了解自己的独特性，增强自尊心和自信心，从而更好地应对生活中的挑战。在幼儿期，教师鼓励儿童在每日结束时反思他们的行为、情绪和想法，询问他们今天做得好的事情和需要改进的地方。儿童通过绘画、写作或讲故事的方式表达他们的感受和思考。教师可设定不同的场景和角色，让儿童体验不同的角色，从而了解不同角色的行为和感受。通过角色扮演，儿童可以更好地理解自己和他人的感受，促进情感认知。教师可给予儿童具体的反馈，帮助他们了解自己的行为和表现。认可他们的努力和成就，增强他们的自信心和自我价值感。还可以设立一个“成长日记”或“成就墙”，让儿童记录自己的成长和进步。这可以帮助他们看到自己的成长轨迹，从而更好地认识自己。通过瑜伽、舞蹈或体操等活动，儿童可以更好地了解自己的身体和动作。这不仅有助于身体协调性的发展，还能增强儿童对身体的认知。教师可以指导儿童识别和理解不同的情绪，如快乐、悲伤、愤怒等，帮助他们学习如何表达和管理情绪，从而增强情绪自我意识。在完成一项任务或活动后，教师应让儿童评估自己的表现。这可以帮助儿童了解自己的长处和不足，并促进自我改进。还应鼓励儿童参与社交活动，如团队游戏、小组讨论等。通过与他人互动，儿童可以更好地了解自己在集体中的位置和角色，促进社交自我认知。儿童通过绘画、音乐、舞蹈等艺术形式，表达自己的内心世界。这有助于他们更深入地了解自己的感受、想法和情绪。在日常生活中，家长给儿童提供选择的机会，如选择穿哪件衣服、吃什么食物等。这可以让儿童体验到自主权和决策权，从而增强他们的自我意识和自我控制能力。

（二）提升情绪管理能力

家长教育幼儿期的儿童学会识别、表达和调节自己的情绪，有助于保持稳定的情绪状态，减少其情绪问题，提高其生活满意度。培养儿童良好的情绪表达与调节能力，使他们学会调节和控制负面情绪，如愤怒、沮丧等，有助于儿童更好地理解和处理自己的情绪，避免情绪失控导致的行为问题。通过情绪管理教育，儿童可以更好地了解自己的情绪特点、需求和偏好，从而增强自我认知。这种自我认知有助于他们更好地处理人际关系，提高社交能力。

情绪管理教育可以帮助儿童在面对挑战和压力时保持冷静和乐观，学会使用积极的方式来应对困难。这样做有助于儿童建立自信心，提高解决问题的能力。家长需要与孩子建立亲密、信任的关系，尊重孩子的感受和需求，为他们提供情感支持和理解。这样做有助于孩子更好地表达自己的情绪，学会调节和管理情绪。学校可以开设情绪管理课程，教授儿童识别和表达情绪的方法，提供情绪调节技巧的训练。这些课程可以通过游戏、角色扮演等互动方式进行，使儿童更容易接受和掌握。家长和教育者需要成为儿童情绪管理的榜样，展示积极的情绪表达和调节方式。他们的行为会对孩子产生潜移默化的影响，有助于孩子形成健康的情绪管理习惯。

（三）发展良好的社交技能

通过教育，儿童能够学会倾听、表达、合作、分享等社交技能，建立良好的人际关系，增强社会适应能力。家长和教育者鼓励儿童对他人保持开放、友善和尊重的态度，愿意与他人交往并建立关系。这有助于儿童形成积极的社交动机，主动寻找机会与他人互动。家长和教育者应帮助儿童识别他人的情绪、需求和意图，理解社交规则和期望。通过提高社交认知能力，儿童可以更有效地参与社交互动，避免误解和冲突。家长和教育者也应教导儿童如何清晰地表达自己的意见和感受，倾听他人的观点。这包括使用礼貌用语，提出问题和回答问题，以及通过非言语方式（如面部表情和肢体语言）进行沟通。应鼓励儿童参与团队活动和合作项目，学会与他人合作解决问题。教导儿童分享资源和成果，培养他们慷慨和公平的品质。向儿童传授冲突解决技巧，如妥协、谈判和寻求帮助等。这有助于儿童在社交互动中有效地处理冲突，维护良好的人际关系。家长和教育者还应鼓励儿童参与各种社交活动，如家庭聚会、社区活动和学校组织的团队项目等。这些活动可以为儿童提供与同龄人互动的机会，锻炼他们的社交技能。家长和教育者需要成为儿童社交技能的榜样，展示积极的社交行为和态度。通过观察和模仿，儿童可以逐渐学会如何与他人交往。在儿童的社交互动中，家长和教育者需要提供必要的指导和支持。这包括帮助儿童识别他人的情绪和需求，提供沟通技巧的建议，以及在冲突解决过程中给予支持和指导。

（四）激发创造力和创新思维

儿童天生具有好奇心和创造力，通过心理健康教育，可以进一步激发他们的创造力和创新思维，培养他们的想象力和解决问题的能力，为其未来的学习和生活打下坚实的基础。家长和教育者鼓励儿童勇于尝试新事物，不害怕失败，从错误中学习，从而激发他们内在的创造动力。通过提供多样化的学习资源、活动和项目，让儿童有机会探索不同的领域，从而拓宽他们的视野，激发其创新思维。应鼓励儿童提问、探索和思考，不限制他们的想象，允许他们表达自己的想法和观点，从而培养他们的创新思维和解决问题的能力。还应教导儿童如何分析、评估和理解信息，培养他们的独立思考能力，从而让他们能够形成自己独特的观点和见解。通过实践活动，如科学实验、艺术创作等，让儿童将创意付诸实践，通过实际操作来检验和完善自己的想法，从而培养他们的创造力和创新思维。要鼓励儿童表达自己的观点和想法，给予他们积极的反馈和认可，从而增强他们的自信心和创造力。要鼓励儿童自主学习，探索自己感兴趣的领域，培养他们的学习兴趣和动力。要提供一个开放、自由的学习环境，让儿童能够自由地表达自己的想法和观点，从而激发他们的创造力和创新思维。还可以通过团队合作项目，让儿童学会与他人合作、交流和分享，从而培养他们的协作能力和创新思维。

（五）培养应对挑战和压力的能力

生活中不可避免地会遇到各种挑战和压力，儿童心理健康教育旨在帮助儿童学会积极面对挑战，调整自己的心态，寻找解决问题的方法，增强心理韧性。通过接受教育，儿童在面对挑战和压力时，能够冷静地评估情况，调整自己的情绪状态，避免过度焦虑或沮丧。通过情绪调节训练，儿童可以学会更好地管理自己的情绪，从而更好地应对挑战和压力。韧性是指个体在面对困难时能够保持积极态度，不屈不挠地寻求解决问题的方法。通过培养儿童的韧性，他们可以学会从失败中吸取经验，不断尝试，直至成功。自信心是应对挑战和压力的重要心理资源。教师通过鼓励儿童尝试新事物，认可他们的努力和成就，帮助他们建立自信心。自信的儿童在面对挑战时更有可能坚持下去，克服困难。通过接受教育，儿童可以学习有效的应对策略，如寻求帮助、制订计划、分解任务等。这些策略可以帮助儿童在面对挑战时更加有条理地思考和行动，提高应对挑战的能力。家长和教师应为儿童提供应对挑战所需的支持和资源，如心理咨询服务、家庭支持等。这些支持和资源可以帮助儿童在应对挑战时得到必要的帮助和支持，减轻他们的压力感。家长和教育者需要成为儿童应对挑战和压力的榜样，展示积极应对困难和压力的态度和行为。为儿童提供应对挑战的实践机会，让他们在实践中学习和掌握应对挑战的技能和方法。在培养儿童应对挑战和压力的能力时，需要关注他们的情感需求，给予他们足够的关爱和支持。教育儿童正确看待失败，将其视为成长和学习的机会，而不是挫折和打击。家长和教育者需要密切合作，共同关注儿童的心理健康状况，及时发现和解决儿童在应对挑战和压力过程中出现的问题。

（六）培养儿童的智力发展

儿童天生具有强烈的好奇心，对周围的世界充满探索欲望。心理健康教育应关注这一点，通过各种活动、游戏和材料，激发儿童的好奇心和求知欲，使他们保持对知识的渴求。观察力是智力发展的重要基础。心理健康教育应鼓励儿童多观察、多思考，培养他们对事物的敏锐感知和细致观察能力。注意力是智力活动的重要条件。心理健康教育应通过各种有趣的活动，如拼图、阅读、绘画等，培养儿童的注意力，使他们能够专注于某项任务或活动。记忆是智力发展的另一个关键方面。心理健康教育应通过各种方法，如复述、联想记忆等，帮助儿童提升记忆力，使他们能够更好地吸收和储存知识。逻辑思维能力是智力发展的高级阶段。心理健康教育应通过各种逻辑思维训练，如数学游戏、推理故事等，培养儿童的逻辑思维能力，使他们能够更好地理解和分析问题。问题解决能力是智力发展的直接体现。心理健康教育应通过各种实际问题和情境，培养儿童的问题解决能力，使他们能够独立思考、自主解决问题。

（七）培养儿童的道德品质

通过接受教育，儿童树立了基本的道德规范和价值观，如诚实、善良、公正、尊重等，建立了正确的道德观念。教师可引导儿童体验并理解道德情感，如同情心、责任感、羞耻感等，让他们在面对道德情境时能够做出恰当的反应。应鼓励儿童在日常生活和学习中践行道德规范，如遵守纪律、尊重他人、帮助他人等，通过实践培养他们的道德行为习惯。要教育儿童在面对道德问题时能够独立思考，做出正确的道德判断，培养他们的道德自主性和责任感。还要关注儿童道德发展的阶段性特点，提供适宜的教育支持和引导，帮助他们逐步形成稳定的道德品质和道德信仰。教育者应以身作则，遵守道德规范，为儿童树立榜样。要关注儿童的情感需求，通过情感引导帮助他们理解并遵守道德规范。通过实践活动和角色扮演等方式，让儿童在亲身体验中学习和感悟道德的力量。也要尊重儿童的个体差异，根据他们的年龄、性格和兴趣等特点，制定个性化的教育方案。通过心理健康教育的引导和支持，儿童可以逐步形成良好的道德品质，为自己未来的发展奠定坚实的基础。

（八）促进心理、情感和社会性的和谐发展

儿童心理健康教育的目标是促进儿童心理、情感和社会性的和谐发展，使他们在各个方面都能健康成长，为未来的学习和生活做好充分的准备。教育者应帮助儿童形成积极的自我形象和自我价值感，了解自己的优点和不足，从而树立自信心。教导儿童识别、理解和表达情感，学会控制和管理负面情绪，以健康的方式应对压力和挑战。培养儿童独立思考、分析和解决问题的能力，使他们在面对困难时能够主动寻找解决方案。鼓励儿童与家人、朋友和老师建立亲密、信任的关系，学会分享、关心和尊重他人。教导儿童理解和感受他人的情感，学会在他人需要帮助时伸出援手，培养同理心和关爱之心。鼓励儿童用语言和非语言的方式表达自己的情感，增强情感沟通的能力。教导儿童了解和遵守社会规则、道德准则和法律法规，培养他们的社会责任感和公民意识。鼓励儿童在集体活动中学会合作、分享和尊重他人，培养他们的团队精神和社会适应能力。教导儿童如何与他人建立联系、保持友谊和解决冲突，提高他们的社交技巧和社会互动能力。

二、儿童心理健康教育的原则

儿童心理健康教育的原则是指在开展儿童心理健康教育过程中应遵循的基本准则和指导思想。

（一）发展性原则

发展性原则强调在进行心理健康教育时，教育者必须以发展的观点看待儿童的心理及其问题，以促进儿童心理健康的全面发展为目标。这一原则强调儿童心理健康教育是一个持续、动态的过程，需要关注儿童心理发展的阶段性特点和个体差异，以及心理问题的预防和早期干预。心理健康教育应面向全体儿童，关注每个儿童的心理发展需求，而不是仅仅针对存在心理问题的儿童。通过普遍的教育活动可以提高儿童对心理健康的认识，增强其心理素质，促进其全面发展。儿童心理发展具有阶段性特点，不同年龄段的儿童面临的心理问题和他们的需求也不同。因此，在心理健康教育过程中，教育者应根据儿童的年龄特点和心理发展水平，确定相应的教育内容和方法，以满足儿童的个性化需求。发展性原则强调预防胜于治疗，在儿童心理健康教育过程中，教育者应重视心理问题的预防和早期干预，通过及时识别和处理儿童的心理问题，防止问题恶化，减轻对儿童的负面影响。发展性原则旨在促进儿童心理健康的全面发展，包括情感、认知、社会交往等方面。在心理健康教育过程中，教育者应注重培养儿童的情感表达能力、自我认知能力、社交技能等，以全面提高儿童的心理素质。

（二）主体性原则

主体性原则强调要面向所有的儿童开展心理健康教育，所有的儿童都要参与到心理健康教育中来，幼儿园更是要以全体幼儿作为心理健康教育的出发点，设置心理健康教育课程以及开展相关的活动，要对大多数幼儿普遍存在的问题进行全方位的考虑。在教育过程中，儿童被视为心理发展的主体。要强调尊重儿童的主体地位，充分发挥儿童的主体作用，让儿童在参与、体验、探究中自主发展心理健康。这一原则体现了对儿童的尊重、信任和理解，有助于培养儿童的自主性、主动性和创造性。儿童是心理发展的主体，他们有自己的思想、情感和意愿。在心理健康教育过程中，教育者要尊重儿童的主体地位，尊重他们的选择、意愿和感受，避免强制和压迫。儿童具有主动发展的潜力，他们渴望参与、体验和探究。教育者应激发儿童的主动性，鼓励他们积极参与心理健康教育活动，主动表达自己的观点、情感和需求。自主性是儿童心理健康发展的重要方面，教育者应培养儿童的自主性，让他们学会独立思考、自主决策和自主行动，增强其自我管理和自我调控的能力。每个儿童都是独特的个体，他们具有不同的心理发展特点和需求。教育者应关注儿童的个体差异，根据他们的实际情况制定个性化的教育方案，满足他们的个性化需求。

（三）预防性原则

预防性原则强调心理健康教育的预防性，注重儿童心理健康问题的早期发现和干预。教育者通过各种途径和方式，如心理健康教育课程、心理咨询等，增强儿童的心理健康意识和自我保健能力，预防心理问题的发生。预防性原则要求教育者或家长在儿童心理发展的早期阶段就开始关注并预防心理问题的发生，他们通过了解儿童心理发展的规律和特点，及时发现儿童可能存在的心理问题，并采取相应的措施进行干预，从而避免问题进一步恶化。预防性原则还强调普及心理健康知识的重要性。教育者或家长应该通过课程、讲座、活动等形式，向儿童普及心理健康知识，帮助他们了解心理健康的重要性，学会自我调节和管理情绪，提高心理素质。家庭和学校是儿童成长的主要场所，对儿童的心理健康有着深远的影响。预防性原则要求家庭和学校应该为儿童营造一个良好的成长环境，提供充足的爱和支持，建立亲密的家庭关系和师生关系，避免过度保护或溺爱等不良行为。

（四）整体性原则

整体性原则强调关注儿童心理、情感、社会性的整体发展，将心理健康教育融入儿童日常生活的各个方面，促进儿童在认知、情感、社会性等各个领域的协调发展，培养儿童健全的人格和心理素质。儿童心理健康教育的整体性原则是一个指导原则，它强调在进行儿童心理健康教育时，需要从整体的角度出发，全面考虑儿童的心理发展。整体性原则要求教育者不仅关注儿童的心理问题，还要关注他们的整体心理发展。这意味着教育者需要全面了解儿童的心理状态、需求和潜能，以及他们在不同年龄段的心理发展特点。为了实现儿童心理健康教育的整体目标，教育者需要整合多种教育资源，包括家庭、学校、社区等。这些资源可以共同为儿童提供心理支持、教育和指导，促进他们的心理健康发展。整体性原则还强调协调各方面教育力量，包括教师、家长、心理咨询师等。这些人员需要共同合作，形成教育合力，为儿童提供全方位的心理健康教育服务。虽然整体性原则强调全面性和整体性，但也要关注儿童的个体差异。每个儿童都有自己的心理特点和需求，教育者需要根据他们的实际情况，制定个性化的教育方案，以满足他们的心理需求。

（五）个性化原则

学校在开展心理健康教育的过程中要对幼儿的个别差异给予更多的关注和重视，充分地结合每一名幼儿的不同需求，将多样化、具有极强针对性的心理健康教育活动开展起来，这样幼儿的心理健康水平才能够显著提升。

个性化原则强调尊重儿童的个体差异，关注每个儿童的不同特点和需求。教育者根据儿童的实际情况和需要，提供个性化的心理健康教育和支持，满足儿童不同的心理需求。这一原则的核心在于充分尊重和关注每个儿童的个体差异，以确保心理健康教育的针对性和有效性。教育者需要深入了解每个儿童的性格、兴趣、家庭背景、心理发展特点等，以便更准确地把握他们的心理需求和问题。根据每个儿童的特点和需求，教育者应制定个性化的心理健康教育方案。这些方案应针对儿童的具体问题，采用适合他们的方法和策略，以促进他们的心理健康发展。儿童的心理发展是一个动态的过程，他们的需求和问题也会随着时间和环境的变化而变化。教育者需要根据儿童的反馈和情况，灵活调整教育方案，以确保其针对性和有效性。个性化原则还强调尊重儿童的意愿和选择。在教育过程中，教育者应鼓励儿童积极参与、表达自己的想法和感受，并根据他们的意愿和选择，为他们提供个性化的支持和帮助。个性化原则的实施对于儿童心理健康教育具有重要意义，它有助于教育者更准确地把握儿童的心理需求和问题，为他们提供更有效的心理健康教育服务。个性化原则也有助于培养儿童的自主性、主动性和创造性，促进他们的全面健康发展。在教育实践中，教育者应充分重视个性化原则，并将其贯穿于儿童心理健康教育的始终。

（六）活动性原则

具体、生动、有趣的活动可以促进儿童的心理健康发展。教师组织丰富多样的心理健康教育活动，让儿童在参与中体验、感悟和成长，提高了心理健康教育的实效性。这一原则体现了心理健康教育与儿童实际生活的紧密联系，有助于儿童在参与活动的过程中获得积极的心理体验，从而提升他们的心理健康水平。教育者应为儿童提供丰富多样的活动机会，如游戏、角色扮演、手工制作、户外活动等，以满足儿童的好奇心和探索欲，让他们在活动中体验快乐，增强自信心。活动性原则强调通过实际操作和亲身体验来促进儿童的心理发展。教育者应设计具有实践性的活动，让儿童在参与过程中积累经验，了解周围世界，促进其心理健康发展。儿童心理健康教育活动应充满趣味性，以吸引儿童的参与。教育者可以通过游戏化的教学方式，将心理健康教育的内容融入有趣的活动中，使儿童在轻松愉快的氛围中学习和成长。活动性原则要求教育者鼓励儿童在活动中发挥主动性和创造性，让他们自由表达自己的想法和感受，培养他们的自主性和创新精神。

（七）家校合作原则

家庭与学校之间加强合作与沟通，共同关注儿童的心理健康。家庭和学校应相互配合、相互支持、相互影响，形成教育合力，共同为儿童的心理健康发展创造良好的环境和条件。在儿童在成长过程中，家庭和学校是其最主要的生活和学习环境，二者对儿童的心理健康发展都具有重要影响，家庭和学校都应充分认识到儿童心理健康的重要性，共同关注儿童的心理健康状况，及时发现并解决问题。家庭和学校之间应建立有效的沟通机制，定期交流儿童在校和在家的表现，共同商讨制订适合儿童的心理健康教育计划。家庭和学校可以共享教育资源，如教育书籍、心理健康教育讲座等，以丰富儿童的心理健康教育内容。学校应鼓励家长积极参与儿童的心理健康教育活动，如家长志愿者、亲子活动等，让家长成为儿童心理健康教育的有力支持者。学校可以为家长提供专业的家庭教育指导，帮助家长了解儿童的心理发展特点，掌握有效的心理健康教育方法。家校合作可以实现家庭教育和学校教育的有效衔接，使双方形成教育合力，共同促进儿童的心理健康发展。家校合作也有助于提高家长的教育水平，增强家长的教育责任感和自信心，为儿童的成长提供更好的支持。

儿童心理健康教育的原则是多维度且相辅相成的，它们共同构成了一个全面而系统的教育框架，以确保儿童在心理层面上得到健康的发展。这些原则相互关联、相互促进，共同构成了儿童心理健康教育的指导思想和基本原则。在实际工作中，教育者应根据儿童的实际情况和需要，灵活运用这些原则，为儿童的心理健康发展提供有效的支持和帮助。

第二章 儿童情绪管理与调节

情绪管理与调节是指儿童能够识别、理解、表达和调节自己的情绪，以适应不同情境和人际关系的需求。良好的情绪管理与调节能力对儿童的发展具有重要意义，有助于儿童建立积极的情绪体验、增强心理韧劲、促进身心健康，有助于儿童建立良好的人际关系、提高社会适应能力，对儿童的认知发展、学业成绩等方面具有积极影响。儿童的情绪管理与调节是其心理健康和社会适应能力的关键组成部分。儿童时期是情绪发展的关键阶段。本章将探讨儿童情绪发展的特点与规律，儿童情绪管理的方法与技巧，以及情绪调节活动的设计与实施。

第一节 儿童情绪发展的特点与规律

儿童情绪发展是儿童心理健康成长的重要组成部分，对于儿童的社会适应、认知发展以及人际关系建立具有深远的影响。情绪作为儿童内心世界的重要表达，不仅反映了他们的生理需求和心理状态，还是他们与外部世界进行互动和沟通的重要桥梁。了解和掌握儿童情绪发展的特点与规律，对于促进儿童情绪健康发展、培养儿童情绪管理能力具有重要意义。本节旨在深入探讨儿童情绪发展的特点与规律，通过阐述儿童情绪发展的基本特点、阶段性规律、影响因素等方面，为家长、教育工作者和儿童心理健康专业人士提供有益的参考和启示。

一、儿童情绪发展的基本特点

（一）情绪表达的多样性

儿童能够表达多种基本情绪，如快乐、愤怒、悲伤、恐惧等。这些情绪的表达随着年龄的增长而变得更加复杂和精细。儿童的情感表达真实而直观，不受世俗的束缚和社会观念的限制，他们会毫不掩饰地展示自己内心的情感。儿童的情绪表达方式丰富多样，不仅可以通过面部表情来表达情感，如微笑、皱眉和眼神的改变，还可以通过身体语言和动作来表达情感，比如击掌庆祝、跳跃和拥抱。儿童也会通过绘画、手工制作和戏剧表演等方式来表达自己的情感。这些多样的表达方式有助于他们更好地沟通和交流，为他们提供了发展创造力和表达能力的机会。儿童的情绪变化也较为频繁，他们对外界刺激的反应较为敏感，所以情绪状态容易发生变化。这种特点是儿童在认知和情感发展上的表现，也是其不成熟的体现。

（二）情绪体验的丰富性

儿童能够体验到多种不同的情绪，包括基本的情绪，如快乐、悲伤、愤怒、惊讶等，以及更为复杂的情绪，如羞愧、尴尬、自豪等。这些情绪在儿童的日常生活中都有可能出现，使他们的情绪体验呈现出多样化的特点。随着年龄的增长，儿童对情绪的体验逐渐深入，他们不仅能够感受到情绪的表面现象，还能理解情绪背后的原因和含义。这种深度的体验有助于儿童更好地认识自己和他人的情感，以及更好地应对各种情感挑战。儿童的情绪体验往往与特定的情境紧密相连。在不同的情境中，儿童可能会产生不同的情绪反应。例如，在游乐场玩耍时，儿童可能会感到快乐和兴奋；而在与同伴发生冲突时，他们可能会感到愤怒和沮丧。这种情境性的体验使儿童的情绪更加丰富和生动。儿童的情绪体验是连续的，不是孤立的。他们会将过去的情绪体验带到当前的情境中，从而影响当前的情绪体验。这种连续性的体验有助于儿童形成稳定的情绪特质和应对策略。

家长和教育者应该关注儿童情绪体验的丰富性，并尝试为他们提供多样化的情绪体验机会。可以组织一些有趣的活动，让儿童在玩耍中体验快乐；也可以引导他们面对一些挑战，让他们学会如何应对挫折和失败。

（三）情绪调节的逐渐成熟

儿童情绪调节的神经基础是理解情绪表达和社交关系的重要桥梁。通过脑成像技术，教师可以观察儿童在不同情境下神经活动的变化，进而推断其情绪调节的神经机制。这一研究方向为深入理解儿童情绪调节提供了生物学基础。儿童情绪调节的发展过程是一个逐步建构的过程。从婴儿期到青春期，儿童经历了情绪的识别与表达以及调节能力的逐渐提升。通过观察儿童在不同年龄段的情绪表达方式和应对策略的变化，教师可以洞察情绪调节的发展轨迹，这有助于他们为不同年龄段的儿童提供个体化的情绪教育和干预。

随着年龄的增长，儿童的情绪调节策略也会变得更加多样和有效。儿童开始使用多种多样的情绪调节策略，包括认知重评（改变对情绪事件的理解以改变情绪反应）、表达抑制（抑制情绪表达以控制情绪反应）和寻求社会支持等。这些策略的使用反映了儿童在情绪调节方面的灵活性和适应性。儿童的情绪调节策略变得更加有效。他们能够更好地识别和理解自己的情绪，以及使用适当的策略来应对不同的情绪挑战。这种有效性的提高使儿童能够更好地管理自己的情绪，减少负面情绪的影响，并促进他们的情感健康发展，提升他们的幸福感。儿童情绪调节能力的逐渐成熟是一个复杂而漫长的过程，需要家庭、学校和社会各方面的共同关注和支持。通过适当的支持和引导，儿童可以发展出有效的情绪调节能力，促进自己的身心健康和全面发展。

（四）情绪与认知的紧密联系

情绪与认知之间存在着紧密的联系，尤其是在儿童的成长过程中，情绪发展与认知能力的相互促进尤为显著。情感认知的发展不仅使儿童能够更好地理解和表达情绪，还有助于他们更全面地认识自己，提高其社交能力和心理健康水平。

情绪是儿童对客观事物是否符合其需要而产生的态度体验，而认知则是产生情绪的前提和基础。儿童通过感知、记忆、思维等认知过程，逐渐形成了对事物的各种属性的认识，进而产生了与主客体之间需求关系相应的情绪与情感。认知的发展为儿童的情绪体验提供了丰富的素材和背景。情绪对儿童的认知发展具有推动作用。情绪状态会影响儿童的注意、记忆和思维等认知过程。当儿童处于积极情绪状态时，他们更容易集中注意力，记忆和思维能力也会得到提高；而当他们处于消极情绪状态时，认知过程可能会受到抑制。情绪还会影响儿童的决策和行为，进而影响他们的学习和生活。在情感认知的发展过程中，儿童逐渐学会了识别、理解和表达各种情绪。他们开始能够区分不同的情绪状态，理解情绪产生的原因和后果，以及如何在不同情境下表达自己的情绪。这种情感认知的发展不仅使儿童能够更好地理解自己的情绪和需求，还有助于他们更好地理解和关注他人的情绪和需求，从而提高其社交能力，增强其同理心。

（五）社会化情绪的发展

社会化情绪的发展是一个渐进的过程，儿童逐渐能够识别自己和他人的情感，包括基本的情绪（如快乐、悲伤、愤怒等）以及更复杂的情绪（如羞耻、骄傲、同情等）。儿童开始理解情感产生的原因和后果，以及如何在不同情境中表达情感。他们学习如何根据他人的面部表情、声音和肢体语言来推测他人的情感状态。儿童逐渐学会用语言和非语言的方式表达自己的情感。他们学会用适当的语气、语调和面部表情来表达自己的感受，并尝试用言语来描述自己的情感体验。儿童开始学会如何调节自己的情感，包括抑制不适当的情感表达、寻找适当的情感支持以及通过积极的方式来处理负面情绪。

社会化情绪的发展有助于儿童建立和维护积极的社会关系，包括家庭关系、同伴关系、师生关系等。儿童能够更准确地表达自己的感受和需求，也能够更好地理解家庭成员的感受和需求，从而与家庭成员更好地沟通和交流，建立和谐的家庭关系。社会化情绪的发展有助于儿童建立和维护积极的同伴关系。儿童能够更好地理解同伴的情感状态和需求，从而更加关心和支持同伴。他们学会在同伴之间分享快乐、分担痛苦，并建立起深厚的友谊。社会化情绪的发展有助于儿童与教师建立更加积极的师生关系。儿童能够理解教师的期望和要求，并更加配合教师的教学工作。教师也能够更好地理解儿童的情感需求，从而提供更加个性化的教育支持。社会化情绪的发展是儿童成长过程中的一个重要方面。它有助于儿童建立和维护积极的社会关系，提高社交能力和心理健康水平。

二、儿童情绪发展的阶段性规律

儿童情绪发展的阶段性规律是指随着年龄的增长，儿童情绪发展会经历不同的阶段，每个阶段都有其特定的情绪发展特点和表现。

（一）新生儿期（0~2 个月）

在这个阶段，新生儿的情绪表达虽然有限，但已经开始展现出一些基本的情绪反应和特征，如快乐、悲伤等。有一派心理学家认为，新生儿有3种原始情绪，即怕、怒、爱。新生儿的怕是由于大声和失去支撑引起的。怒是由于限制新生儿运动引起的。爱是由抚摸、轻拍或触及身体敏感区域产生的。这些（新生儿）情绪反应通常是基于他们的生理需求是否得到满足而产生的，如饥饿、疲倦或不适。在新生儿期，情绪主要是由生理需求驱动的。当需求得到满足时，他们会表现出满足和快乐；而当需求得不到满足时，他们可能会哭泣或表现出不满。新生儿主要通过非言语的方式表达情绪，如面部表情、身体动作和声音。可能会通过皱眉或吮吸手指来表达饥饿，或者通过哭声来寻求注意或安慰。新生儿的情绪状态与他们的睡眠模式密切相关。当他们感到疲倦或不适时，可能会表现出烦躁或不安，这可能会影响他们的睡眠质量。尽管新生儿的视力尚未完全发育，但他们已经能够识别并回应主要照顾者的面部表情。开始展现出社交性微笑，这是他们对主要照顾者的一种积极情绪反应。照顾者应确保新生儿的基本生理需求得到满足，如提供足够的营养，保持适宜的温度和湿度，提供足够的睡眠和休息时间。当新生儿表现出不满或烦躁时，照顾者应及时提供安抚和关爱，如轻轻摇晃（轻拍）、抚摸或拥抱。密切观察新生儿的情绪表达，并尝试理解他们的需求。通过回应他们的情绪表达，帮助他们建立信任和安全感。与新生儿进行积极的社交互动，如与他们面对面交流、唱歌或讲故事。这有助于促进他们的情绪发展，提高他们的社交能力。

（二）婴儿期（2 个月 ~1 岁）

在这个阶段，婴儿开始频繁地展现社交性微笑，这是他们与主要照顾者建立情感联系的重要里程碑。当婴儿看到熟悉的面孔，尤其是母亲的面孔时，他们常常会露出微笑，这标志着他们开始理解和享受社交互动。随着婴儿的成长，他们的情感表达开始变得更加丰富和多样化。除了基本的情绪，如快乐和悲伤外，婴儿还会表现出愤怒、惊讶、厌恶等更复杂的情绪。这些情绪通常通过面部表情、声音和身体动作来表达。婴儿开始能够识别他人的情感，并尝试模仿这些情感。当婴儿看到他人悲伤时，可能会皱起眉头或表现出类似的表情。这种情感识别与模仿能力的发展，有助于婴儿理解他人的情绪状态，并促进他们与他人之间的情感交流。在婴儿期后期，随着婴儿对主要照顾者产生强烈的情感依恋，他们可能会开始表现出分离焦虑。当婴儿与主要照顾者分离时，他们可能会表现出不安、哭泣或寻找主要照顾者的行为。这种分离焦虑是婴儿情感发展的重要里程碑，标志着他们开始意识到与主要照顾者的关系的重要性。在这个阶段，婴儿开始尝试调节自己的情绪。虽然他们的调节能力还很有限，但婴儿已经能够通过一些简单的行为来安抚自己，如吮吸手指、摇晃身体或发出声音。这些行为表明婴儿正在学习如何管理自己的情绪。

在婴儿期，照顾者为婴儿提供稳定、一致和充满爱的关爱是非常有必要的。这种关爱有助于婴儿建立安全感，促进他们的情感发展。照顾者与婴儿进行频繁的社交互动，如与他们面对面交流、唱歌、讲故事或玩游戏等，有助于促进婴儿的情感发展。当婴儿表现出情感需求时，如饥饿、疲倦或不适时，应及时回应他们的需求。这有助于婴儿建立信任感，并促进他们与主要照顾者之间的情感联系。虽然婴儿的情感调节能力还很有限，但父母可以通过一些方法来培养他们的这种能力。当婴儿感到不安时，可以尝试使用轻柔的语调、拥抱或摇晃等方式来安抚他们。

（三）幼儿期（1~3 岁）

幼儿期情感表达更加丰富和准确，随着语言能力的快速发展，幼儿开始能够使用简单的词汇和句子来表达自己的情感。他们不仅能够表达基本的快乐、悲伤、愤怒等情绪，还能更准确地描述自己的感受和需求。幼儿开始能够理解他人的情感，并对他人的情绪状态做出反应。他们能够识别他人的面部表情、声音和身体语言，从而推断出他人的情感状态。这种情感理解能力有助于幼儿与他人建立更深入的社交联系。随着认知能力和自我意识的发展，幼儿开始尝试调节自己的情绪，学会了通过转移注意力、寻求安慰或自我安慰等方式来缓解负面情绪，也开始理解并遵守一些基本的情绪规则，如“不要在公共场合大声哭闹”。

在幼儿期，幼儿与主要照顾者（通常是父母）之间的情感依恋关系进一步加深。他们渴望与主要照顾者保持亲密的身体接触和频繁的互动，当与主要照顾者分离时，他们可能会表现出强烈的分离焦虑。幼儿开始与同龄伙伴进行更多的社交互动，学习如何与他人分享、合作和竞争。这些社交经验有助于他们理解并适应不同的社交规则和期望，进一步发展他们的社交技能。为了促进幼儿情感的发展，父母和其他主要照顾者需要为幼儿提供稳定、一致和充满爱的关爱。这种关爱有助于幼儿建立安全感，并促进他们情感的稳定发展。父母应鼓励幼儿表达自己的情感，并认真倾听他们的感受和需求。通过与幼儿进行情感交流，父母可以更好地理解他们的内心世界，并为他们提供适当的支持和指导。父母可以通过教授幼儿一些情感调节技巧，如深呼吸、数数、寻求安慰等，来帮助他们更好地管理自己的情绪。父母还可以为幼儿树立情绪调节的榜样，展示如何在不同情境中保持冷静和理智。

（四）学龄前期（3~6 岁）

学龄前期情绪表达更为复杂和多样化，学龄前儿童开始能够使用更复杂的词汇和句子来表达自己的情绪。不仅能够表达基本的情感，如开心、生气、伤心等，还能更准确地描述自己的感受和需求。开始能够理解和识别更复杂的情绪，如尴尬、失望、嫉妒等。学龄前儿童开始能够更深入地理解他人的情绪，并对他人的情绪状态产生反应。能够识别他人的面部表情、声音和身体语言，从而推断出他人的情感状态。这种情绪理解能力有助于他们建立更深入的社交联系，并更好地理解和适应社交环境。学龄前儿童开始能够更有效地调节自己的情绪，学会了使用各种策略来管理自己的情绪，如转移注意力、寻求安慰、自我安抚等。这些策略有助于他们在面对负面情绪时保持冷静和理智，并更好地适应社交环境。

在学龄前期，学龄前儿童与主要照顾者之间的情感依恋关系变得更加稳定。他们开始理解并珍惜与主要照顾者之间的亲密关系，并表现出对主要照顾者的依恋和信任。这种稳定的情感依恋关系有助于他们建立安全感和自信心，并促进他们情感的发展。学龄前儿童开始与同龄伙伴进行更多的社交互动，学习如何与他人分享、合作和竞争。开始理解并遵守社交规则，如轮流、分享和尊重他人等。这些社交技能的发展有助于他们更好地适应社交环境，并建立良好的人际关系。对于学龄前儿童的情绪发展，家长应提供稳定的关爱和安全感，为儿童提供一个稳定、安全、充满爱的家庭环境，让他们感受到被关注、被理解和被支持。这有助于他们建立稳定的情感依恋关系，并促进他们情感的发展。家长应鼓励学龄前儿童表达自己的情感和感受，认真倾听他们的想法和需求。与学龄前儿童进行情感交流，让他们感受到被理解和被接纳。这有助于增强学龄前儿童的自信心和自尊心，并促进他们情感的发展。家长教授学龄前儿童一些情绪调节的策略和技巧，如深呼吸、数数、自我安抚等，让他们在面对负面情绪时能够保持冷静和理智，并学会有效地管理自己的情绪。为学龄前儿童提供与同龄伙伴互动的机会，让他们学习如何与他人分享、合作和竞争。鼓励他们参与集体活动和社会活动，增强他们的社交技能和人际交往能力。

（五）学龄期（6~12 岁）

随着认知能力的提高，学龄期儿童开始能够更深入地理解和表达自己的情绪。不仅能识别基本情绪，如快乐、悲伤、愤怒和恐惧，还能理解更复杂的情绪，如尴尬、嫉妒和骄傲。开始能够使用更丰富的词汇和句子来描述自己的情绪体验。学龄期儿童的情绪调节能力逐渐提高。开始学会控制自己的情绪反应，避免在不适当的场合表达强烈的情绪。也开始学会寻求有效的情绪调节策略，如通过运动、游戏或与他人交流来缓解负面情绪。

学龄期是儿童社交情感发展的关键时期。学龄期儿童开始与同龄人建立更紧密的友谊，学习如何在社交互动中表达自己的情感并理解他人的情感。这种社交情感的发展有助于儿童建立健康的自我认同感和归属感。随着年龄的增长，学龄期儿童的情感稳定性逐渐增强。他们开始能够更好地应对生活中的挑战和困难，保持相对稳定的情绪状态。这并不意味着他们不会经历情绪波动，而是他们开始学会如何管理这些波动。对于学龄期儿童的情绪发展，家长和教育者应为儿童提供一个安全、支持的环境，鼓励他们表达自己的情感和感受。认真倾听他们的想法和需求，并给予积极的反馈和支持。

家长和教育者应教授儿童一些有效的情绪调节策略，如深呼吸、冥想、运动等。这些策略有助于他们更好地管理自己的情绪反应，保持相对稳定的情绪状态。家长和教育者应鼓励儿童与同龄人建立友谊，学习如何在社交互动中表达自己的情感并理解他人的情感。家长应为儿童提供一个积极、和谐的家庭氛围，减少家庭冲突和压力。这有助于儿童建立健康的自我认同感和归属感，促进他们的情感发展。

（六）青春期（12~18 岁）

青春期的孩子开始经历更加复杂和强烈的情绪体验，感受到快乐、悲伤、愤怒、焦虑等多种情绪，而且这些情绪会比以往更加激烈和频繁。青春期的孩子开始更加独立地表达自己的情绪，不再完全依赖父母或他人的解读。他们可能会通过言语、行为、表情等多种方式来表达自己的情绪，以展示自我和寻求认同。青春期的孩子开始尝试自主调节自己的情绪，但这一过程往往充满挑战。他们可能面临来自生理、心理和社会等多方面的压力，需要学会有效地应对和管理这些压力，以保持情绪的稳定和积极。青春期的孩子开始更加关注自己与他人的情感关系，包括与父母、同伴、老师的关系。当经历情感的起伏和波动时，他们需要学会理解和处理这些关系中的复杂性和敏感性。

青春期的孩子开始更加关注自我，对自己的外貌、能力、价值观等方面有了更深入的思考和认识。表现出强烈的个性化倾向，追求独特性和自我实现。家长和教育者应尊重孩子的情绪体验，不要轻视或忽视他们的感受。尝试理解孩子情绪背后的原因和需求，给予他们足够的支持和关爱。为孩子提供安全、支持的环境，鼓励他们表达自己的情绪。认真倾听他们的感受和想法，并给予积极的反馈和建议。引导孩子学习有效的情绪调节策略，如深呼吸、冥想、运动等。帮助他们建立积极的应对机制，以应对生活中的挑战和压力。与孩子建立良好的亲子关系和师生关系，关注他们的情感需求和心理状态。与他们保持有效的沟通和交流，增强他们的信任感和归属感。

儿童情绪发展的阶段性规律并非完全固定，每个孩子的情绪发展速度和特点都可能存在个体差异。家庭环境、社会文化等因素也可能对儿童的情绪发展产生影响。家长和教育者在理解和支持儿童情绪发展的过程中，需要考虑到这些因素的影响。

三、儿童情绪发展的影响因素

学校作为儿童学习的重要场所，其环境同样对儿童情绪调节产生影响。教学氛围、同伴关系、学业压力等因素都可能对儿童情绪产生积极或消极的影响。通过研究学校环境对儿童情绪调节的具体影响机制，教师可以为儿童提供有效的心理健康支持和干预措施。校园环境可谓是一种隐性的综合性教育资源，其形态也会随着学校办学理念的转变而变化，因此校园环境对儿童的影响是多层次、多方面的。清新美好的自然环境、内涵丰富的文化环境、温暖和谐的人际环境，都能引导儿童产生积极向上的审美情趣，激发其创造力和想象力，利于良好情绪行为的产生。此外，校园作为儿童接受教育的主阵地，心理健康课程的设置对儿童良好情绪行为的形成起着至关重要的作用。我们研究发现，参与情绪管理课程的儿童其情绪管理能力显著高于未参与课程的儿童，且学习时间越长，其情绪管理能力越高。

家庭环境对儿童情绪调节能力的培养有重要的影响，家庭成员的情绪表达方式、家庭氛围及家庭教养方式都与儿童的情绪调节水平密切相关。这也就意味着，深入研究家庭环境与儿童情绪调节的关系，有助于制定家庭干预策略，提升儿童情绪健康水平。父母对孩子的影响主要体现在两个方面：一方面是父母自身的情绪状态会导致家庭氛围的变化；另一方面是父母自身的语言和行为无形中会成为孩子模仿的对象，当父母出现情绪问题时，处理方式将会直接影响到孩子今后的行为方式。因此，父母提高自身的情绪管理能力，是培养儿童情绪管理能力的一种有效途径和必要手段。儿童是在与环境的相互作用中成长的。作为儿童早期最主要的生活场所，家庭对于儿童情绪管理和社交技能培养的作用是不可替代的。在养育活动中，采取不同教养方式的家长对于情绪知识和技能的传授方式、程度差异较大，由此会使不同教养环境下的儿童在情绪识别、表达规则理解以及策略运用等方面存在差异。情绪调节能力强的父母可以增加家庭积极情绪表达量，有利于儿童情绪调节的发展。

家庭结构是家庭成员之间的组合形态，在不同组合形态下生活的儿童，其情绪行为的发展状况往往存在差异。此外，父母缺位导致家庭结构不完整，打破原有核心家庭的稳定性会削弱家庭功能，孩子的情绪和行为都容易暴露出更多的问题。家庭结构的变化（如离婚、再婚、单亲家庭等）可能会给儿童带来情绪上的困扰和挑战。这些变化可能导致家庭氛围的改变、亲子关系的紧张和社会支持系统的减弱，从而影响儿童的情绪发展。如果家庭能够适应这些变化并为儿童提供稳定的支持和关爱，那么他们仍然可以健康地成长并发展出积极的情绪。

家庭经济状况也会对儿童的情绪发展产生影响。经济困难可能导致家庭压力增加、父母情绪不稳定以及儿童缺乏必要的资源和支持，从而影响他们的情绪健康。如果家庭能够积极应对经济困难、为儿童提供稳定的情感支持和教育资源，那么他们仍然可以克服这些困难并发展出积极的情绪。

研究表明，某些基因与情绪表达和情绪调节能力相关。儿童会从父母那里继承到一定的情绪特质和情绪调节能力。这些遗传特质可能会影响儿童如何体验、表达和管理情绪。某些情绪障碍，如抑郁症、焦虑症等，存在家族聚集性。有情绪障碍家族史的儿童可能面临更高的患病风险。遗传基因可能通过影响大脑神经递质的平衡来增加这些障碍的风险。虽然遗传因素对儿童情绪发展有重要影响，但它并不是唯一的决定因素。环境和社会因素同样对儿童情绪发展产生重要作用。基因与环境之间的相互作用可能决定了个体情绪发展的最终结果。一个具有遗传情绪障碍风险的儿童，如果在一个充满支持、理解和爱的环境中成长，可能会减少患病的风险。随着遗传学研究的不断深入，科学家们正努力识别与情绪相关的特定基因和基因组合。这些研究有助于更好地理解情绪发展的生物学基础，并为情绪障碍的预防和治疗提供新的思路和方法。

儿童的情绪发展与神经系统的发育密切相关。年幼的儿童由于神经系统尚未成熟，对情绪的控制和调节能力相对较弱，更容易出现情绪不稳定的情况。随着儿童年龄的增长和神经系统的发育成熟，情绪调节能力也会逐渐提高。儿童的激素水平也是影响情绪发展的重要因素。处于青春期的儿童由于体内激素的变化，会出现情绪波动、易怒和焦虑等情况。一些生理疾病或药物通过影响儿童的激素水平来影响他们的情绪状态。气质的不同在很大程度上造成了情绪行为的不同。情绪反应性的强度、引起反应的阈限、抑制冲动的能力、兴奋后重获安慰的容易度等特征，构成了个性相对稳定的结构基础，对获得控制情绪的能力很关键。

社会文化环境包括社会的价值观、信仰、习俗、传统等，这些都会对儿童的情绪产生影响。不同的社会文化环境会对儿童的情绪表达方式、情绪调节策略等产生不同的影响。在某些文化中，表达愤怒或不满可能是不被接受的，而在其他文化中人们的态度则可能更加开放和直接。这种差异可能会导致儿童在面对相同的情绪刺激时产生不同的反应。

不同的文化对情感表达有着不同的社会规范和期望。一些文化鼓励直接、开放地表达情感，而另一些文化则更倾向于内敛、含蓄地表达。社会规范会影响儿童如何理解和表达他们的情绪，以及他们如何理解他人的情绪表达。不同文化中的家庭、学校和社会环境对情感教育有不同的重视程度和价值观。在一些文化中，情感教育被视为重要的一部分，而在其他文化中则相对被忽视。这种差异会影响儿童在成长过程中对情感的理解和处理方式，以及他们如何与他人建立情感联系。文化也会影响儿童学习情感调节的策略。一些文化更强调通过内省和自我调节来控制情绪，而另一些文化则更注重通过外部支持和社交互动来调节情绪。这些不同的情感调节策略会影响儿童在不同情境下的情绪反应和应对方式。不同文化中的社会互动方式也会影响儿童的情绪发展。在一些文化中，亲密的身体接触和言语交流被视为表达情感的重要方式，而在其他文化中则相对较少见。这种差异会影响儿童如何与他人建立情感联系，以及他们如何理解和处理他人的情感表达。

积极的社交经验可以增强儿童的自信心和社交能力，而消极的社交经验则可能导致他们感到焦虑、孤独或沮丧。社会支持是指个体在社会网络中获得的情感、信息、物质等方面的帮助和支持。对于儿童来说，来自家庭、学校、社区等方面的社会支持对他们的情绪发展具有重要影响。社会支持可以提供儿童在面对困难时所需的资源和支持，帮助他们更好地应对挑战和压力，从而保持情绪的稳定和健康发展。社会变迁是指社会结构、文化、经济等方面的变化。这些变化可能会对儿童的情绪产生影响，尤其是当他们面临适应新环境、接受新观念等挑战时。随着社会的快速发展和变化，儿童可能会面临更多的竞争压力、信息过载等问题，这些问题可能会对他们的情绪产生影响。

第二节 儿童情绪管理的方法与技巧

情绪是对人的一系列主观认知经验的总称，是多种感觉、思想和行为综合产生的心理和生理状态。情绪是调节人的心理和生理的重要节点，表现为喜、怒、哀、乐、惧等一系列的心理体验，而正是这些心理体验促成了我们的行为表现。情绪管理不仅能使儿童正确感受自身的情绪变化，而且可以使他们及时洞察他人的情绪状态。这对儿童培养人际关系、发展社会能力、提高社会亲和度等均有深远影响。人的情绪和情感息息相关，不仅影响自己，也会影响他人，这也是我们研究儿童情绪管理的原因。它不仅关系到儿童的心理健康，还影响着他们的人际交往、学业成就以及未来的职业发展。儿童情绪管理，简而言之，就是帮助儿童识别、理解、表达和调节自己的情绪。这是一个复杂而又必要的过程，需要儿童具备一定的自我认知、情绪表达能力和情绪调节技巧。受到年龄和认知水平的限制，儿童往往难以独立完成这一过程，这就需要家长和教育者的参与和指导。随着社会的进步和教育理念的更新，人们越来越意识到儿童情绪管理的重要性。一个能够良好管理自己情绪的儿童，往往能够更好地适应环境、应对挑战，与他人建立和谐的关系，也更容易获得幸福感和满足感。

一、接纳和理解儿童的情绪

在儿童情绪管理中，接纳是第一步，这意味着我们承认并接受儿童当前的情绪状态，无论它是积极的还是消极的。接纳不仅是对儿童情绪的尊重，也是对他们作为一个独立个体的尊重。当我们接纳儿童的情绪时，我们传递了一个信息——他们的感受是真实的，是能被看见和理解的。这种被看见和理解的感觉对于儿童来说非常重要，它能够帮助他们建立安全感，增强自信心，也能够促进他们情绪的稳定和健康发展。当儿童情绪激动或表达不满时，我们需要保持冷静和耐心，不要过于慌张或急躁。要相信儿童有能力处理自己的情绪，只需要在旁边提供支持和指导。当儿童表达情绪时，我们需要认真倾听他们的话语，并观察他们的表情和肢体语言。这可以帮助我们更深入地了解他们的感受和需求。在倾听过程中，我们要避免打断儿童的话语或对他们的情绪进行评判。要尊重他们的感受，并让他们有充分的时间来表达自己。

当儿童表达情绪时，我们不仅要接纳他们的情绪，更要深入理解这些情绪背后的原因和含义。理解儿童的情绪意味着需要站在他们的角度去看待问题，需要耐心倾听，仔细观察他们的行为和表情，尝试理解他们内心的真实感受。理解儿童的情绪还需要我们具备一定的情绪识别能力。需要能够准确地识别出儿童所表达的情绪类型，理解这些情绪与儿童当前所经历的事件之间的关系，以便更好地了解他们的内心需求和期望。当儿童表达情绪时，我们可以适当地询问发生了什么事情、感受如何。通过询问和澄清，可以更深入地了解儿童的情绪状态和内心需求。

在理解儿童的情绪后，我们适当地分享自己的经历和感受，与儿童产生共鸣。让儿童感受到我们的理解和支持，也能够促进他们与我们之间的情感联系。在理解儿童的情绪和内心需求后，尝试为他们提供一些解决方案或建议。

二、教导儿童识别情绪

以下介绍几种适合低龄儿童的方法。

（一）丰富情绪词汇

在日常生活中，家长与孩子进行对话时，引导他们识别并表达自己的情绪。当孩子感到开心时，问他们："你现在感觉怎么样？是不是很开心？"告诉他们"开心"这个词，并解释它代表的情绪状态。家长和教育者在家中或学校中为孩子准备一些情绪标签，如"生气""难过""兴奋"等。当孩子出现相应的情绪时，可以引导他们选择对应的标签来表达自己的感受。为孩子选择一些关于情绪的书籍，如绘本、图画书等。这些书籍通常以直观、生动的方式展现各种情绪，有助于孩子理解并记忆不同的情绪词汇。

（二）情绪识别游戏

通过游戏的方式，孩子可以识别和理解情绪。我们可以让孩子观察面部表情、声音和肢体语言来判断情绪，或者扮演不同的角色体验不同的情绪。情绪卡片游戏是由家长或老师制作一组情绪卡片，每张卡片上描绘不同的面部表情，如快乐、悲伤、愤怒、惊讶等。游戏开始时，孩子随机抽取一张卡片，尝试模仿卡片上的表情，并解释这个表情代表的情绪。家长或老师可以引导孩子讨论这个情绪可能出现在哪些情境中，以及遇到这种情绪时应该如何应对。

情绪角色扮演是由家长或教师设定不同的情绪情境，如生日派对、丢失玩具、被朋友误解等。让孩子扮演情境中的主角，体验并表达相应的情绪。家长或老师可以观察孩子的表现，并在游戏结束后给予反馈和建议，帮助孩子更好地理解和表达情绪。

情绪转盘游戏是由家长或教师制作一个带有多种面部表情的转盘，每个表情代表一种情绪。孩子转动转盘，根据转盘停下的位置识别并描述相应的情感。家长或教师可以进一步扩展游戏，让孩子想象并描述在哪些情境中可能会体验到这种情绪。

情绪绘画游戏是给孩子提供画笔和纸张，让他们画出自己感到快乐、悲伤、愤怒等情绪时的表情或场景。家长或老师可引导孩子分享他们的画作，并询问他们为什么选择这样的颜色和图案来表达情感。

情绪故事创作是鼓励孩子编写关于不同情绪的故事，可以是他们自己的经历，也可以是虚构的故事。故事中的角色可以经历各种情绪波动，孩子需要描述角色的情绪变化以及他们如何应对这些情绪。通过故事创作，孩子可以更好地理解情绪的变化和复杂性。

（三）情绪日记

对于已经开始识字写字的儿童来说，情绪日记是一个私人的空间，可以自由地记录自己的感受和思考。情绪日记以文字、绘画或者两者结合的形式进行记录。孩子可以选择用他们喜欢的方式来表达他们的情绪。如果孩子年龄较小或者不太擅长写字，教师可以鼓励他们使用绘画或者贴纸等方式来表达情绪。孩子可以选择每天固定的时间（比如睡觉前）来记录情绪日记，这样可帮助孩子养成定期反思和记录情绪的习惯。教师让孩子记录他们当天经历的情绪，包括情绪的名称（如开心、生气、沮丧等）和产生情绪的原因。鼓励他们详细描述自己的情绪感受，以及这种情绪对他们的影响。让孩子尝试记录他们如何应对这种情绪，以及他们的应对策略是否有效。如果孩子愿意，鼓励他们与家人或老师分享他们的情绪日记。通过分享和讨论，孩子可以得到更多的支持和建议，也学会从不同的角度看待自己的情绪。一段时间后，教师引导孩子回顾他们的情绪日记，看看他们的情绪是否有变化或者是否有某些情绪经常出现。帮助他们分析这些情绪背后的原因，并思考如何更好地应对这些情绪。在孩子记录情绪日记的过程中，要给予他们足够的鼓励和肯定，让他们知道，记录情绪日记是一种积极的行为，可以帮助他们更好地了解自己和管理自己的情绪。

（四）情绪教育课程

情绪教育课程主要是帮助儿童了解自己的情绪，学习识别、表达和管理情绪的技巧，以及培养积极的情绪态度和应对挑战的能力。教师介绍情绪的概念、分类和产生的原因，帮助儿童了解情绪的基本特点。可以教授儿童深呼吸、放松训练等情绪调节技巧，帮助他们学会管理自己的情绪，避免情绪失控。通过鼓励、赞美等方式，培养儿童的积极情绪，如快乐、自信、乐观等，提高其情绪适应能力。组织儿童进行小组讨论，分享彼此的情绪经历和处理策略，培养儿童的情绪表达能力和同理心。通过情绪识别等互动游戏，儿童在游戏中学习和掌握情绪管理的技巧。

（五）建立情绪反馈机制

家长或教育者需要学会观察并识别儿童的情绪，包括注意儿童的面部表情、肢体语言、声音和言语内容等，从而准确判断儿童的情绪状态。当儿童表达情绪时，家长或教育者需要给予充分的倾听和理解，不要急于打断或给出建议，而是让儿童充分表达自己的感受，以便理解他们情绪背后的原因和需求。在理解儿童的情绪后，家长或教育者需要给予积极的反馈。通过积极反馈，儿童能够感受到自己的情绪被重视和尊重，从而增强情绪自我认知和管理的能力。除了给予积极反馈外，家长或教育者还需要鼓励儿童积极表达自己的情绪。表达情绪可以通过创造安全的情感环境、提供情绪表达的机会和方式等来实现。当儿童能够自由地表达自己的情绪时，他们才能更好地理解和管理自己的情绪。情绪管理是一个长期的过程，需要家长或教育者保持耐心和关注。在建立情绪反馈机制时，家长或教育者需要持续观察儿童的情绪变化，及时给予反馈和支持。

三、教导儿童表达情绪

以下介绍几种适合低龄儿童的方法。

（一）保持理解和尊重

理解和尊重是情绪表达的基础。我们要认识到儿童的情绪是真实存在的，并且每种情绪都有其存在的合理性。无论是快乐、愤怒、悲伤还是恐惧，都是儿童内心真实感受的反映。接纳儿童的情绪，不要试图压抑或否认他们的感受。每个儿童都有自己独特的个性和情感表达方式。有些儿童可能比较外向，喜欢直接表达自己的情感；而有些儿童则可能比较内向，需要更多的时间来处理自己的情感。我们要尊重儿童的个性，不要强迫他们按照某种特定的方式来表达情感。我们可以使用肯定的话语、微笑、拥抱等方式来表达我们的支持和鼓励。引导儿童使用"我感到……"或"我觉得……"等句式来表达自己的情感。

（二）提供安全的表达环境

安全的表达环境让孩子感到放松、被接纳，从而更愿意表达他们的情感和想法。与儿童建立深厚的信任关系是提供安全表达环境的基础。父母和教育者应该通过日常互动、关心和理解，让孩子感受到自己是被爱、被尊重的。当孩子感到被信任时，他们会更愿意分享自己的情感和经历。当孩子面临情感困扰时，父母和教育者应该提供情感支持。可以通过倾听、理解、安慰等方式，让孩子感受到自己并不孤单，有人关心和支持他们，这样可以帮助孩子更好地处理情感问题，提高他们的情绪调节能力。在家庭或教育环境中，家长和教育者应该制造开放、包容的沟通氛围。鼓励孩子提出问题、分享想法和感受，给予他们足够的回应和反馈。这样的沟通氛围可以让孩子感到被尊重、被重视。在提供安全表达环境的同时，也要设定情绪表达的规则与界限，告诉孩子在公共场合或他人面前要保持适当的情绪表达，不要过度发泄或影响他人，帮助孩子学会控制自己的情绪表达，避免对他人造成不必要的困扰或伤害。

（三）鼓励使用语言表达

鼓励儿童使用语言表达情绪能帮助儿童更好地理解自己的情绪，能促进他们与他人之间的有效沟通，为建立健康的人际关系奠定基础。家长和教育者要教孩子认识并学习使用描述情绪的词汇，在日常生活中，鼓励孩子分享他们的感受，无论是积极的还是消极的。家长和教师可以成为孩子学习的榜样，通过自身的言行来展示如何恰当地表达情绪。例如，当家长感到生气时，可以说："我现在很生气，因为我刚刚发现我的东西被弄坏了。"强调积极情绪表达的重要性，如用"我很高兴"代替"我很好"。教导孩子如何以积极的方式回应他人的情绪，如用"你看起来很生气，我们可以一起解决这个问题吗"。

（四）鼓励示范和模仿

成人是儿童最重要的学习对象，因此，成人的情绪表达方式会直接影响儿童。当遇到不同情绪时，成人能够以恰当的方式表达，如使用适当的词汇描述感受、以平和的语气表达不满等，儿童就能从中学习到如何表达自己的情绪。当感到开心时，成人可以大声说出来，并表现出快乐的表情和动作；当感到生气时，可以告诉儿童"我现在很生气，我需要冷静一下"，而不是通过大喊大叫或攻击性行为来表达。同龄人之间的示范也很重要，儿童会观察并模仿同龄伙伴的情绪表达方式。如果周围的小伙伴能够以积极、健康的方式表达情绪，儿童也更容易学习到这些方式。通过小组活动或游戏，儿童可以有机会观察并学习同龄人的情绪表达方式。当儿童模仿成人用语言表达生气时，成人可以告诉他们："你说得真好，用语言来表达生气是一种很好的方式。"成人应制造机会让儿童模仿不同的情绪表达方式。

四、传授情绪调节技巧

情绪调节的好坏往往会直接影响人的身心健康，对儿童而言尤其如此。良好的情绪调节可以成为儿童成长的内在动力，是协调儿童与周围人际关系的重要保障，能帮助儿童更好地认识世界，在生活中保持一个乐观积极的心态。相反，若儿童的负面情绪未被及时调节，不仅儿童自身容易出现情绪失控，而且会带给周围的人不好的情绪体验。我们需要分析情绪管理对儿童心理健康的重要性，积极探究助力儿童情绪管理的可行方法。以下介绍几种适合低龄儿童的方法。

（一）教授基本的情绪调节策略

深呼吸是一种简单而有效的情绪调节方法，它可以帮助儿童在紧张、焦虑或愤怒时平静下来。我们可以向儿童展示如何进行深呼吸。让他们观察你的呼吸方式，注意你是如何慢慢地吸气、然后慢慢地呼气的。让儿童模仿你的呼吸方式，并鼓励他们多次练习。儿童可以在安静的环境中，如卧室或图书馆，进行这项练习。在练习过程中，我们可以引导儿童将注意力集中在呼吸上，感受气息在鼻腔和肺部流动的感觉。当儿童处于强烈的情绪中时，引导他们将注意力转移到其他事物上，可以有效地缓解情绪。在儿童情绪激动时，提供一些有趣的活动或玩具，让他们选择去做或玩。鼓励儿童想象一些美好的场景或事物，如蓝天白云、美丽的花园等，以帮助他们从负面情绪中抽离出来。帮助儿童识别和命名自己的情绪，有助于他们更好地理解和调节自己的情绪。鼓励儿童在面对困难或挑战时采取积极的应对方式，如寻找解决问题的方法、向他人求助等。通过角色扮演的方式，让儿童模拟在面临困难时如何采取积极的应对方式。分享你或他人在面对困难时采取积极应对方式的经历，让儿童了解这些方法的实际效果。教导儿童在需要时向他人寻求支持和帮助，以缓解负面情绪。与儿童建立信任关系，让他们知道在你面前可以自由地表达情感和寻求帮助。

（二）教授应对技巧

通过教授应对技巧，使儿童学会在面对困难和挑战时采取积极、健康的方式来应对，从而有效地调节自己的情绪。认知重构是帮助儿童改变对困难情境的看法，从而减轻负面情绪的方法。家长或教育者与儿童一起讨论遇到的具体问题，引导他们从多个角度思考，发现问题的另一面。分享一些成功应对困难的故事或案例，让儿童了解积极应对的重要性。教导儿童面对问题时，如何系统地分析和寻找解决方案。将问题解决过程分解为具体的步骤，如识别问题、收集信息、生成解决方案、实施方案和评估结果。模拟实际情境，让儿童练习问题解决技巧。让儿童明白在面对困难时，寻求他人的帮助和支持是一种有效的应对方式。分享一些通过寻求支持成功解决问题的案例。模拟一个需要寻求支持的情境，让儿童练习如何向他人表达需求并接受帮助。讲述一些面对困难时积极应对的人物故事。引导儿童观察身边的人是如何积极应对困难的，并鼓励他们模仿。

（三）鼓励情绪表达和沟通

家长或教育者应鼓励儿童表达自己的情绪，促进他们与他人的有效沟通，帮助儿童更好地理解和处理自己的情绪，增强情绪调节能力。为儿童提供一个安全、无威胁的环境，让他们感到可以自由地表达自己的情绪。要避免在儿童表达情绪时批评、指责或忽视他们，以免阻碍他们的表达。鼓励儿童分享他们的情感和经历，与家人或朋友建立情感联系。通过家庭会议、睡前故事时间等方式，家长为儿童提供分享情感的机会。教师教授儿童基本的沟通技巧，如轮流发言、倾听他人、表达清晰等。当儿童以积极、健康的方式表达情绪时，给予他们肯定和鼓励，增强儿童的情绪表达意愿，促进他们更好地管理自己的情绪。当儿童以消极、攻击性的方式表达情绪时，不要直接批评或惩罚他，而要引导他们以更积极、健康的方式表达情绪，并教授他们如何控制自己的情绪。

（四）教授解决问题的技巧

当儿童面临问题时，他们可能会感到困惑、无助或沮丧，而学习解决问题的技巧可以帮助他们更好地应对这些挑战，减少负面情绪，并增强他们的自信心和自主能力。家长或教育者要教会儿童明确问题的本质，帮助他们清晰地描述所遇到的问题，理解问题的关键点和影响范围。要教会儿童分析问题，找出问题的根源和可能的解决路径。可以通过提问的方式引导儿童思考，例如“这个问题是怎么发生的”“有哪些可能的原因”“我们以前是怎么处理类似问题的”，等等。通过这样的分析，儿童可以更好地理解问题的复杂性和挑战性，并为解决问题做好准备。

家长或教育者应鼓励儿童发挥想象力，思考不同的解决方案。不要限制他们的思路，而是鼓励他们尝试新的、不同的方法。可以组织一些创意活动，如头脑风暴、绘画、手工制作等，来激发儿童的创意思考能力。在分析和创意思考的基础上，帮助儿童选择最合适的解决方案。让他们列出所有可能的解决方案，并评估每个方案的优缺点。引导他们考虑实际情况和可行性，选择最合适的方案。在选择了解决方案之后，教儿童如何实施这个方案。这包括制订具体的行动计划、分配任务和时间表、确保资源可用等。在实施过程中，家长或教育者要鼓励儿童积极参与，并提供必要的支持和指导。在教授解决问题的技巧时，还要注重培养儿童积极应对的心态。要让他们明白，解决问题是一个积极、有益的过程，即使遇到了困难和挫折，也要坚持不懈地尝试和努力。

（五）给予正面反馈和奖励

家长要细心观察儿童的行为，特别是当他们成功管理自己的情绪时。当儿童以积极的方式处理情绪时，如冷静思考、分享感受或寻求帮助，及时给予肯定。避免笼统，不要只是说“你做得很好”，而要具体指出他们做得好的地方，如“你刚才在生气时能够冷静地跟妈妈说话，这真的很棒”。可以分享你的感受，如“看到你能够控制自己的情绪，妈妈为你感到骄傲”。还可以与儿童一起设定可达成的小目标，例如“今天如果你能够不生气地跟弟弟玩，我们就可以一起去看电影”。当儿童达到目标时，给予他们适当的奖励，可以是物质的（如小玩具、贴纸），也可以是精神的（如拥抱、赞扬）。

家长和教育者要让儿童学会自我奖励，使他们明白自己的努力和进步是值得赞赏的。鼓励儿童自己评估自己的行为，并对自己的良好表现给予奖励。确保家庭和学校的反馈和奖励标准一致，避免给儿童造成困惑。即使儿童在某些时候情绪管理得不够好，也要保持耐心和支持，持续给予正面反馈和奖励。不要只关注结果，而要强调儿童在情绪管理过程中的努力和进步。当儿童尝试新的情绪管理策略时，即使结果并不完美，也要给予他们支持和鼓励。作为家长或老师，要以身作则，展示积极的情绪管理策略。鼓励儿童寻找身边的榜样，如同学、朋友或家人，学习他们的情绪管理技巧。

第三节　情绪调节活动的设计与实施

设计并实施有效的情绪调节活动，帮助个体学会更好地管理自己的情绪，是当前心理健康教育和心理咨询服务的关键所在。情绪调节活动旨在通过一系列有针对性的练习和体验，帮助个体认识自己的情绪，掌握有效的情绪调节技巧，提升情绪管理能力。这些活动不仅适用于个人自我成长和发展，也广泛应用于学校、企事业单位以及心理咨询机构等场景，帮助人们应对日常生活中的情绪困扰。本节将深入探讨情绪调节活动的设计与实施，包括活动的理论基础、设计原则、具体实施步骤、案例分析及效果评估等方面。我们将结合心理学理论和实践经验，提出一系列具有可操作性和实用性的建议，以期为广大教育工作者、心理咨询师以及普通读者提供有益的参考和借鉴。

一、情绪调节活动的理论基础

（一）情绪智力理论

情绪智力，是由美国心理学家萨洛维和梅耶于1990年提出的概念，旨在描述个体监控自己及他人的情绪和情感，并识别、利用这些信息指导自己的思想和行为的能力。个体能够准确地识别和感知自己的情绪，以及他人的情绪状态。这是情绪智力的基础，也是情绪调节的前提。个体能够理解自己和他人的情绪背后的原因和意义，以及这些情绪如何影响思维和行为。个体能够有效地管理和调节自己的情绪，以应对各种生活情境。这包括情绪表达、情绪调节和情绪恢复等方面。个体能够利用情绪信息来指导自己的思想和行为，以及促进情感和智力的发展。

（二）情绪调节理论

个体在面对外部刺激时，会根据自己的需要和动机选择合适的情境进行应对。例如，当感到工作压力较大时，个体可选择适合自己的放松方式来缓解压力。在设计情绪调节活动时，活动组织者需考虑如何帮助个体更好地选择适合自己的情境，以减少负面情绪的影响。可以教授一些放松技巧和应对策略，帮助参与者更好地调整自己的情绪反应。个体在面对外部刺激时，会根据自己的需要和动机调整自己的认知方式和解释方式。当面对失败时，个体可以通过积极思考和寻找失败中的经验教训来增强自信心和动力。在情绪调节活动中，活动组织者引导参与者进行认知重构，帮助他们从积极的角度看待问题，减少负面情绪的影响。

（三）情境选择、情境修正、反应调整和认知重构

情境选择是指个体在面对外部刺激时，会根据自己的需要和动机选择合适的情境进行应对。这种选择是基于个体的主观意愿和情境的客观特性之间的匹配。当感到工作压力较大时，个体可以选择适合自己的放松方式来缓解压力，

如进行户外运动、听音乐或阅读等。

情境修正是指个体在面对不利的情境时，会通过修正情境中的某些因素来改变情境的适应性。要求个体主动寻找和改变那些导致不良情绪的情境因素。

反应调整是个体在面对外部刺激时，根据自己的需要和动机调整自己的生理和心理反应。这种调整包括调整呼吸、放松肌肉、改变注意力等方式。

认知重构是个体在面对外部刺激时，根据自己的需要和动机调整自己的认知方式和解释方式。这要求个体从新的、更积极的角度去理解和解释情境中的事件，以减少负面情绪的产生。认知重构的策略帮助引导个体进行积极的自我反思和认知调整，更客观地看待问题，减少负面情绪的影响，并增强其自信心和动力。

二、情绪调节活动的设计原则

（一）以个体需求为核心

在开始设计活动之前，活动组织者要对参与者进行情绪状态和需求的评估。通过了解每个人的独特情况，更精准地设计适合他们的情绪调节活动。要充分考虑个体的年龄、性别、文化背景等因素对情绪调节的影响。通过问卷调查、面对面访谈或专业的情绪评估工具，对参与者的当前情绪状态进行深入了解。识别参与者是否存在特定的情绪困扰，如焦虑、抑郁、愤怒等，以及这些困扰的具体表现和原因。了解参与者对于情绪调节的期望和目标，以及他们希望从活动中获得什么。不同年龄段的人对情绪的认知和表达方式不同，活动设计应适应不同年龄段的特点和需求。男性和女性在情绪表达和调节上可能存在差异，活动设计应考虑到这些差异。不同的文化背景会影响人们对情绪的理解和表达方式，活动设计应尊重并融入参与者的文化背景。根据评估结果，活动组织者为参与者提供个性化的情绪调节建议和活动方案。设计多种情绪调节技巧和方法，以满足不同参与者的需求和偏好。鼓励参与者根据自己的实际情况选择适合自己的情绪调节方式，并在活动中进行实践。活动设计应具有足够的灵活性，以适应不同参与者的需求和变化。在活动过程中，活动组织者根据参与者的反馈和实际情况，及时调整活动内容和方式。鼓励参与者提出自己的意见和建议，共同完善情绪调节活动的设计和实施。通过活动引导参与者深入了解自己的情绪和需求，提高自我意识和自我认知。帮助参与者识别自己的情绪触发点和应对方式，培养自我情绪调节的能力。鼓励参与者分享自己的经验和感受，促进彼此之间的理解和支持。

以个体需求为核心的情绪调节活动设计原则强调了对参与者的尊重和理解。通过深入了解参与者的情绪状态和需求，以及考虑个体差异和文化背景的影响，我们可以设计出更符合参与者需要的情绪调节活动，帮助他们更好地调节情绪、提高生活质量。

（二）明确目标导向

情绪调节活动应设定具体、可衡量的目标。目标应该与参与者的情绪管理需求紧密相关，并且能够在活动过程中被明确地衡量和评估。通过前期评估了解参与者的情绪状态和困难，组织者要确保活动目标能够有针对性地解决他们的问题。设定不同层次的目标，从短期到长期，从基础到进阶。帮助参与者在活动中逐步提高自己的情绪调节能力，并且能够在不同阶段看到自己的进步和成长。设定的目标应该是可实现的，并且符合参与者的实际能力水平。组织者应避免设定过高或过低的目标，以确保参与者在活动中能够获得积极的体验和成就感。

（三）注重实践性

通过情境模拟和角色扮演的活动，参与者在模拟的真实场景中体验情绪的变化和调节。具体的操作练习，如深呼吸、冥想、肌肉放松等，可以帮助参与者亲身体验情绪调节的过程。活动组织者通过观察和评估参与者的情绪反应和调节效果，给予他们具体的建议和指导，帮助他们更好地理解和应用情绪调节技巧。应鼓励参与者在日常生活中应用所学的情绪调节技巧。通过分享和讨论实际生活中的情绪调节经验，参与者意识到情绪调节的重要性，并学会将所学技巧融入日常生活中。通过挑战和应对，参与者可以更加深入地理解情绪调节的复杂性和重要性，并学会如何更加有效地应对各种情绪问题。

（四）综合多种策略

在设计情绪调节活动时，组织者应综合考虑多种情绪调节策略，如认知重构、情绪表达、放松训练、社交支持等。从不同的角度和层面帮助参与者进行情绪调节，使活动更加全面和有效。考虑到参与者的个体差异和需求，应提供个性化的情绪调节策略选择。通过评估参与者的情绪状态、性格特征、生活习惯等，为他们推荐适合的情绪调节策略，以提高活动的针对性和有效性。

在实际应用中，组织者根据参与者的具体情况和需要，将多种情绪调节策略进行组合和搭配。例如：将认知重构与情绪表达相结合，帮助参与者从认知层面理解并处理负面情绪；将放松训练与社交支持相结合，帮助参与者放松身心并为他们提供情感支持。

（五）确保安全性

对于儿童个体来说，还有以下需要注意的方面。

预防心理伤害：在活动中，教师应避免使用可能引发儿童负面情绪或心理创伤的素材或话题。尊重儿童的个人感受，避免强迫儿童分享或表达他们不愿意提及的情感经历。对于可能引发争议或敏感的话题，教师应提前进行风险评估，并制定相应的应对策略。

确保活动环境的安全：活动场所应选择安全、舒适、无干扰的环境，确保儿童在参与活动时能够放松身心。对于需要使用道具或设备的活动，教师应提前检查其安全性，确保儿童在使用过程中不会受到伤害。

关注儿童的情绪变化：在活动过程中，教师应密切关注儿童的情绪变化，及时发现并处理可能出现的情绪问题。对于情绪不稳定或表现出异常的儿童，应及时给予关注和安慰，必要时可采取适当的干预措施。

建立安全机制：在活动开始前，教师应向儿童明确活动的目的、规则和注意事项，确保儿童了解活动的安全要求。建立紧急情况的应对机制，如设立急救箱、联系医疗救助等，以便在发生意外时能够及时处理。

培养儿童的安全意识：教师通过教育和引导，帮助儿童树立正确的安全观念，提高他们的自我保护能力。鼓励儿童在参与活动时保持警觉和理性，避免因情绪激动或失控而导致安全问题的发生。

（六）创新性与趣味性

创新性原则指的是在情绪调节活动的设计中，勇于尝试新的理念、方法和手段，以打破传统框架，为活动注入新的活力和元素。对于儿童来说，创新性的设计可以激发他们的学习兴趣，提高他们的参与度和投入感，从而更有效地实现情绪调节的目标。在情绪调节活动设计中，创新性的体现可以是多方面的。教师可以引入新的心理学理论或研究成果，将其转化为易于理解和操作的活动形式；可以利用现代科技手段，如虚拟现实、增强现实等，为儿童创造更加沉浸式的情绪体验；还可以尝试将情绪调节与其他学科或领域进行交叉融合，以拓展活动的深度和广度。

趣味性原则是指在情绪调节活动的设计中，注重活动的趣味性和娱乐性，让儿童在轻松愉快的氛围中学习和成长。趣味性的设计可以激发儿童的好奇心和求知欲，使他们更加积极地参与活动，从而更有效地实现情绪调节的目标。教师可以设计一些富有趣味性的游戏或挑战，让儿童在玩耍中学习和体验情绪调节的技巧；可以运用幽默的语言，营造轻松愉快的氛围；还可以将情绪调节与一些流行的文化元素或热点话题相结合，以吸引儿童的注意力和兴趣。

三、情绪调节活动的具体实施步骤

（一）准备阶段

活动目的是希望参与者能够识别和理解情绪，学习情绪调节的策略，或是提高情绪管理能力等。根据活动目的确定活动的主题，主题应紧密围绕情绪调节，确保活动的针对性和有效性。组织者应详细了解参与活动的目标群体的年龄、性别、文化背景、心理发展水平等特征。分析他们的情绪调节现状和需求，以便为活动设计提供有针对性的参考。根据活动目的和主题，制订详细的活动计划。计划中应包括活动的时间、地点、参与人员、活动流程、所需材料等内容。活动计划应合理、可行，并考虑到目标群体的特点和需求。

根据活动计划，活动组织者准备所需的活动材料，如道具、图片、音频、视频等。确保活动材料符合活动主题，且质量良好、安全可靠。尽量使用具有创新性和趣味性的材料，以吸引参与者的兴趣。选择一个适合开展情绪调节活动的场地，如教室、活动室、户外场地等。根据活动需要，对场地进行布置，确保场地整洁、安全、舒适。可设置活动区域、休息区等，以满足参与者的不同需求。

活动组织者确定活动人员的分工和职责。可安排专门的引导者、观察者、记录员等人员，以确保活动的顺利进行。对所有参与活动的人员进行必要的培训和指导，确保他们明确自己的职责和任务。在正式活动之前，可以进行预演或试点活动。通过预演或试点，可以检查活动材料是否齐全、场地布置是否合适、活动流程是否顺畅等。发现活动中可能存在的问题和不足，并及时进行改进和调整。考虑到活动中可能出现的意外情况或突发事件，制定应急预案。预案包括应对措施、责任人、联系方式等内容，以确保在出现问题时能够迅速、有效地应对。

（二）实施阶段

在实施阶段，活动组织者引导参与者进行情绪觉察。让参与者意识到自己的情绪状态，识别自己当前的情绪，并理解这种情绪的产生原因。通过情绪日志、自我反思等方式来帮助参与者更好地进行情绪觉察。引导参与者进行情绪认知。帮助他们认识到不同情绪的存在和重要性，以及情绪对个人行为和思维的影响。通过情绪教育、案例分析等方式，参与者对情绪有了更深入地了解。在情绪得到觉察和认知之后，参与者通过小组讨论、角色扮演、绘画、写作等方式进行情绪表达和分享。参与者在安全的环境中表达自己的感受，分享自己的经验和故事。这样有助于参与者更深入地了解自己的情绪，并增强他们的情绪管理能力。

活动组织者引导参与者学习有效的情绪调节策略，包括深呼吸、放松训练、积极思考、情绪转移等方法。通过示范、练习、反馈等方式，帮助参与者掌握这些情绪调节技巧，并鼓励他们在日常生活中加以运用。在学习了情绪调节策略之后，引导参与者进行情绪调节实践。可设计一些与情绪调节相关的活动或任务，让参与者在实践中运用所学的技巧。组织一个角色扮演活动，让参与者模拟情绪调节的过程，或者设计一个情绪挑战任务，让参与者在面对情绪困扰时尝试运用所学的技巧进行应对。

在实施阶段的最后，活动组织者要进行总结与反思。引导参与者回顾整个活动的过程和体验，分享自己的收获和感受。也要对活动的效果进行评估和反思，以便对后续的活动进行改进和优化。

（三）后续跟进

在活动结束后的一段时间内，活动组织者持续监测参与者的情绪调节能力和情绪管理技能是否有所提高。通过定期的问卷调查、访谈或观察来收集数据，了解参与者在日常生活中的情绪调节表现。对于在情绪调节方面遇到困难的参与者，给予更多的关注和支持，提供有针对性的建议和策略，帮助他们更好地应对情绪困扰。向参与者分享有关情绪调节的优质资源，如书籍、文章、视频教程等。这些资源可以为参与者提供更深入的情绪调节知识和技能，帮助他们更好地理解和应对自己的情绪。活动组织者定期与参与者进行回访和交流，了解他们在情绪调节方面的进展和遇到的困难。通过回访和交流，可以及时发现并解决问题，同时为参与者提供持续的支持和鼓励。

活动组织者鼓励参与者在日常生活中持续实践所学的情绪调节技能，如深呼吸、放松训练、积极思考等。通过实践，参与者可以更好地掌握这些技能，并在实际生活中应用它们来应对各种情绪困扰。在活动结束后，活动组织者建立一个支持网络，让参与者之间可以相互支持、交流和分享经验。这个网络可以是一个线上社区、微信群或QQ群等，为参与者提供一个持续学习和成长的平台。

四、儿童情绪调节活动的案例分析

（一）案例背景介绍

在现代社会中，儿童的情绪问题日益受到家长和教育者的关注。儿童的情绪调节能力不仅影响他们的心理健康，还直接关系到他们的社交能力和学习能力的发展。为了帮助儿童更好地管理自己的情绪，提高情绪调节能力，我们设计并实施了一系列儿童情绪调节活动。本次儿童情绪调节活动的参与者主要是小学低年级的儿童。这些儿童正处于身心发展的关键时期，他们的情绪波动较大，情绪表达方式较为直接和冲动。情绪调节活动可以帮助他们学会识别和管理自己的情绪，对于他们的健康成长至关重要。

（二）活动设计

快乐小情绪——“儿童情绪探索与调节之旅”旨在帮助儿童认识和理解不同

的情绪；培养儿童的情绪觉察能力，学会识别自己的情绪；教授儿童简单的情绪调节技巧，如深呼吸、积极思维等；增强儿童的自我控制力，提高情绪管理能力。

（1）活动时间：共计6次活动，每次活动时长约为45分钟。

（2）活动材料：情绪卡片（代表不同情绪的图像或词汇卡片）、情绪表情贴纸、放松音乐、情绪调节小道具（如气球、毛绒玩具等）。

（3）活动流程。

第一次活动：情绪大发现。教师通过故事或动画引入情绪的概念。展示情绪卡片，让儿童识别不同的情绪，并分享自己在什么情况下会有这些情绪。让儿童用贴纸或绘画的方式表达自己的情绪。

第二次活动：情绪小侦探。儿童进行角色扮演游戏，在模拟情境中体验并识别不同情绪。儿童分享自己在游戏中的感受和体验。

第三次活动：情绪深呼吸。教师教授儿童深呼吸技巧，并解释其在情绪调节中的作用。儿童尝试深呼吸，并感受其对情绪的影响。

第四次活动：情绪小魔法。教师开展积极思维训练，通过故事或游戏，引导儿童学会用积极的思维面对问题，让儿童尝试将负面情绪转化为正面情绪。

第五次活动：情绪小舞台。儿童在模拟情境中运用所学的情绪调节技巧，通过分组表演，展示他们的情绪调节能力。

第六次活动：情绪大总结。教师回顾整个活动的过程和所学内容。让儿童分享自己在活动中的感受和收获。

（4）布置作业：教师鼓励儿童在日常生活中运用所学的情绪调节技巧，并记录下自己的体验和进步。

（三）活动实施

在活动开始时，老师首先向儿童介绍本次活动的名称、目的和内容，确保儿童对活动有清晰的认识和期待。老师可以通过一个简短的故事或动画，以引人入胜的方式引入情绪的概念，激发儿童对活动的兴趣。老师向儿童展示事先准备好的情绪卡片，每张卡片上都有一个代表不同情绪的图像或词汇。老师引导儿童识别卡片上的情绪，并鼓励他们分享自己在什么情况下会有这些情绪。

这个环节可以帮助儿童认识和理解不同的情绪。老师鼓励儿童用贴纸或绘画的方式表达自己的情绪。儿童可以在白纸上画出自己感到快乐、悲伤、愤怒等情绪时的表情或场景。完成后，老师组织儿童分享自己的作品，让他们描述自己画的是什么情绪，以及为什么会有这种情绪。这个环节可以帮助儿童更好地表达和交流自己的情绪。

老师向儿童介绍深呼吸、积极思维等简单的情绪调节技巧，并解释它们在情绪调节中的作用。然后，老师引导儿童进行实践操作，如让他们尝试深呼吸并感受身体的变化，或者让他们用积极的思维方式去思考问题。这个环节可以帮助儿童掌握一些基本的情绪调节技巧。

老师设置一些模拟情境，如分享玩具引发的冲突、被同学误解等，让儿童扮演不同的角色并体验其中的情绪变化。在角色扮演过程中，老师鼓励儿童运用所学的情绪调节技巧来应对情境中的情绪问题。这个环节可以帮助儿童更加深入地理解情绪的产生和应对方式。

老师鼓励儿童每天记录自己的情绪变化，并描述这种情绪是怎么发生的，以及对个人和周围环境的影响。在活动结束时，老师组织儿童分享自己的情绪日记，让他们互相了解彼此的情绪世界并学习如何更好地理解和支持他人。这个环节可以帮助儿童培养记录情绪的习惯并提高他们的情绪管理能力。

在活动结束时，老师对整个活动进行总结和反思，回顾儿童在活动中的表现和所学内容，并鼓励他们继续在日常生活中运用所学的情绪调节技巧。同时，老师也可以邀请家长参与活动的总结和反馈环节，了解儿童在活动中的表现和收获以及家长对活动的看法和建议。这个环节可以帮助老师更好地了解活动的效果和儿童的成长情况并为下一次活动提供参考和改进的方向。

五、情绪调节活动的效果评估

（一）评估目的与意义

通过效果评估，组织者可以客观地衡量情绪调节活动的实际成效。这有助于组织者了解活动是否满足了参与者的需求，是否有效地提升了他们的情绪调节能力。评估结果可以为活动的进一步改进提供重要反馈。通过分析评估数据，组织者可以发现活动中存在的问题和不足，从而有针对性地调整和完善活动内容和形式，以提高活动的有效性和吸引力。通过定期的效果评估，可以确保情绪调节活动始终保持其有效性和针对性，为参与者的情绪健康发展提供持续的支持和帮助。情绪调节活动作为儿童心理健康教育的一部分，其效果评估也是提升教育质量的重要手段。通过评估，教育者可以了解活动在促进参与者情绪健康、提高教育质量方面所做出的贡献，从而推动教育质量的全面提升。对于参与者而言，效果评估也是一种自我认知的过程。通过参与评估，参与者更加清晰地了解自己的情绪调节能力及其提升情况，从而增强自我认知和自我管理能力。

（二）评估方法

（1）行为观察法：观察者通过观察儿童在活动中的行为表现，评估他们的情绪调节能力。使用行为观察表、记录表等，记录儿童在不同情境下的情绪反应和调节行为。在活动过程中，观察者需要实时记录儿童的行为表现，并对其进行分类和编码，以便后续分析。

（2）家长和教师反馈：组织者通过收集家长和教师的反馈意见，了解儿童在活动中的表现和情绪调节能力的提升情况。使用问卷调查、访谈等方式收集反馈意见。问卷可以包括开放式和封闭式问题，以便获取更全面的信息。

（3）情绪调节策略自我评估：组织者通过让儿童自己评估他们的情绪调节策略，了解他们的自我认知和自我管理能力。设计一份自我评估问卷或量表，让儿童根据自己的实际情况填写。问卷或量表可以包括关于情绪调节策略使用频率、效果等方面的问题。在活动结束后，组织者向儿童发放自我评估问卷或量表，让他们对自己的情绪调节策略进行评估。通过对比活动前后的评估结果，可以了解儿童在情绪调节策略使用方面的变化和进步。

（三）评估指标与内容

1. 情绪识别与理解能力

指标一：情绪识别准确性。教师评估儿童是否能够准确地识别出不同的情绪表达，如快乐、悲伤、愤怒等。通过情绪识别测试进行评估，如展示情绪图片或表情符号，让儿童指出对应的情绪。

指标二：情绪理解深度。教师评估儿童是否能够理解情绪背后的原因和情境，以及情绪对个人和他人可能产生的影响。通过故事讲述或情景模拟进行评估，让儿童分析并解释情境中人物的情绪变化及其原因。

2. 情绪调节策略与技能

指标一：情绪调节策略使用频率。教师评估儿童在面临情绪挑战时，是否能够主动使用所学的情绪调节策略，如深呼吸、积极思考等。观察儿童在活动中的表现，记录他们使用情绪调节策略的次数和情境。

指标二：情绪调节技能有效性。教师评估儿童所使用的情绪调节策略是否能够有效地帮助他们缓解负面情绪，恢复平静。对比儿童在使用情绪调节策略前后的情绪状态变化，以及他们的自我报告和反馈。

3. 情绪表达与沟通能力

指标一：情绪表达清晰度。教师评估儿童是否能够清晰地表达自己的情绪感受和需求，避免情绪积压或误解。通过角色扮演、小组讨论等活动，观察儿童在表达情绪时的清晰度和准确性。

指标二：情绪沟通效果。教师评估儿童在情绪沟通中是否能够有效地与他人建立联系，解决问题，增进关系。通过模拟社交场景，观察儿童在沟通中的情绪表达能力和应对策略，以及他们与他人的互动情况。

4. 情绪适应性与弹性

指标一：情绪适应性。教师评估儿童在面对情绪挑战时，是否能够灵活地调整自己的情绪状态，适应不同的环境和情境。通过设计一系列情绪挑战任务，观察儿童在不同情境下的情绪适应能力和应对方式。

指标二：情绪弹性。教师评估儿童在经历负面情绪后，是否能够迅速恢复并重新投入到正常的学习和生活中。通过记录儿童在经历负面情绪后的恢复时间和行为表现，评估他们的情绪弹性水平。

（四）评估结果的应用与反馈

根据评估结果，组织者可以了解情绪调节活动的哪些环节有效，哪些环节需要改进。这有助于优化活动设计，使其更加符合参与者的需求和特点。发现不同参与者在情绪调节方面的差异。根据这些差异，制定个性化的情绪调节策略，帮助参与者更有效地管理自己的情绪。将评估结果及时反馈给参与者，让他们了解自己在情绪调节活动中的表现和改进空间。向负责情绪调节活动的教育者反馈评估结果，让他们了解活动的效果和需要改进的地方，这样有助于教育者优化活动设计，提高教学效果。对于幼儿或儿童等需要家长或其他监护人参与的群体，组织者可以将评估结果反馈给他们的家长或其他监护人。

第三章　儿童行为习惯培养

儿童时期是行为习惯形成的关键时期，良好的行为习惯不仅有助于儿童的健康成长，更是他们未来成功的基石。本章将深入探讨儿童行为习惯的形成机制、影响因素，以及如何有效培养儿童良好行为习惯和预防、矫正儿童不良行为习惯。

我们首先需要明确行为习惯的定义。行为习惯是指个体在日常生活和学习中，通过反复练习和强化而形成的自动化、稳定化的行为方式。

儿童行为习惯的形成受到多种因素的影响，包括家庭环境、学校教育、社会文化等。家庭作为儿童成长的摇篮，父母的行为和态度对儿童的行为习惯有着很大的影响。学校则是儿童行为习惯塑造的重要场所，教师的引导和同伴的示范也会对儿童产生潜移默化的影响。社会文化环境也会对儿童的行为习惯产生一定的影响。为了培养儿童良好的行为习惯，我们需要从多个方面入手。家长应该成为孩子的榜样，通过自身的行为示范引导孩子形成正确的行为习惯。学校应该加强行为习惯教育，通过课程设置、教师引导等方式帮助儿童形成良好的行为习惯。我们还需要关注儿童的心理需求，通过正面激励、情感支持等方式激发他们的积极性，促进良好行为习惯的形成。当然，儿童在成长过程中难免会出现一些不良的行为习惯。对于这些不良习惯，我们需要及时识别并采取相应的矫正措施。矫正不良行为习惯需要深入了解其背后的原因和动机，制订个性化的矫正计划，并通过实施矫正措施和跟踪反馈确保矫正效果。

儿童行为习惯的培养是一个复杂而长期的过程，需要家庭、学校和社会共同努力。通过深入了解儿童的行为习惯形成机制、影响因素以及培养策略，我们可以为儿童营造一个有利于他们健康成长的环境，帮助他们形成良好的行为习惯，为其未来的成功打下坚实的基础。

第一节　儿童行为习惯的形成与影响

儿童行为习惯的培养关系到儿童当前的生活和学习状态，更对其未来的个人发展和社会适应能力产生深远影响。行为习惯作为个体在长期生活中形成的稳定行为方式，对于儿童来说，其形成是一个渐进且复杂的过程。从儿童最早的模仿行为开始，到逐渐内化形成稳定的行为模式，这背后既有儿童自身生理和心理发展的因素，也离不开家庭、学校、社会等外部环境的影响。了解儿童行为习惯的形成机制，有助于我们更好地把握儿童行为背后的原因和动机，为有效培养儿童良好的行为习惯提供理论支持。认识到不同行为习惯对儿童发展的不同影响，也能够帮助我们更加有针对性地引导儿童形成良好的行为习惯，避免不良习惯的形成。本节将深入剖析儿童行为习惯的形成过程，以及这些习惯如何影响儿童的全面发展。

一、行为习惯的定义与分类

（一）行为习惯的基本概念

行为习惯是指个体在日常生活和学习中，通过不断重复和强化，形成的一种相对固定且自动化的行为模式。这些行为模式在个体面临相似情境时，往往会以类似的方式表现出来，具有一定的稳定性和持久性。行为习惯的形成是一个长期且复杂的过程，它受到多种因素的影响，包括个体的生理特征、心理状态、环境刺激以及先前的经验等。在这个过程中，个体通过不断地尝试、实践和反思，逐渐将某些行为固定化，形成自己独特的行为习惯。一旦行为习惯形成，个体在面临相应情境时，往往会不假思索地按照习惯的方式行动，这种自动化的行为模式可以节省个体的认知资源，提高行动效率。行为习惯具有一定的稳定性，不容易被轻易改变，可帮助个体在复杂多变的环境中保持一致性，但也可能导致个体在面对新情况时表现出顽固的态度。行为习惯往往会持续很长时间，甚至成为个体终身的行为模式。这种持久性使得行为习惯对个体的影响深远而持久。

良好的行为习惯可以帮助个体更好地适应环境，提高生活和学习效率，促进身心健康；而不良的行为习惯则可能导致个体在社交、学习和工作等方面遭遇困难，甚至引发各种心理问题。家长和教育工作者应该重视儿童行为习惯的培养，通过引导和干预，帮助儿童形成良好的行为习惯。

（二）行为习惯的分类与特点

按照性质分类，可分为良好行为习惯和不良行为习惯。良好行为习惯有助于儿童的全面发展，包括健康的饮食习惯、规律的作息习惯、积极的学习态度、良好的社交礼仪等。良好行为习惯的特点是稳定性强、持久性好，能够帮助儿童在各个领域取得好的成绩，同时也能为他们的未来打下坚实的基础。不良行为习惯会对儿童的成长产生负面影响，如挑食、拖延、依赖性强、缺乏自律等。不良行为习惯的特点是难以纠正，往往需要家长和教育者进行长期的引导和干预。

按照领域分类，可分为生活卫生习惯、学习习惯和社交习惯。生活卫生习惯涉及儿童的饮食、起居、卫生等方面，如按时睡觉、起床，饭前便后洗手，早晚刷牙等。良好的生活卫生习惯有助于儿童保持身体健康，预防疾病。学习习惯包括儿童的学习态度、方法、品质等，如主动学习、独立思考、按时完成作业等。良好的学习习惯是儿童学业成功的重要保障。社交习惯涉及儿童与他人交往的方式和态度，如礼貌待人、关心他人、尊重他人等。良好的社交习惯有助于儿童建立良好的人际关系，提高社会适应能力。

按照形成过程分类，可分为自然形成与教育引导。某些行为习惯是儿童在成长过程中自然形成的，如模仿父母的行为、适应环境等，往往具有自发性和无意识性。教育引导行为习惯则是儿童通过家长、老师的引导和教育而形成的特定行为习惯。这类习惯的形成具有目的性和计划性，能够帮助儿童更好地适应社会和实现个人发展。

儿童行为习惯的分类多种多样，每种习惯都有其独特的特点和影响。了解和掌握这些分类和特点，有助于更好地理解和指导儿童的行为习惯培养。

二、行为习惯形成的心理机制

（一）认知发展阶段与行为习惯

感觉运动阶段（0~2岁）：儿童主要通过感知和运动来探索周围环境，建立与环境的互动关系。他们的认知活动主要是通过探索感知与运动之间的关系来获得动作经验，这些活动中形成了一些低级的行为图式，儿童以此来适应外部环境和进一步探索外界环境。儿童的行为习惯主要表现为对外部刺激的简单反应和模仿，例如模仿父母的言行举止、抓取和吸吮等动作。

前运算阶段（2~7岁）：儿童的思维开始具有符号性，能够使用语言、符号等代表外部事物。他们开始理解事物的因果关系，但思维仍具有不可逆性、刻板性和集中化（自我中心）等特点。儿童的行为习惯开始受到外部规则和社会规范的影响，例如家庭规则、学校纪律等。他们会逐渐形成一些与这些规则相符的行为习惯，如按时作息、整理物品等。

具体运算阶段（7~11岁）：在具体运算阶段，儿童开始理解事物的本质属性和关系，能够进行逻辑运算和问题解决。他们的思维逐渐具有可逆性、灵活性和抽象性等特点。儿童的行为习惯更加稳定和持久，因为他们已经能够理解和接受社会规范和价值观，并将其内化为自己的行为准则。他们也能够更好地适应不同的环境和情境，形成更加灵活和多样化的行为习惯。

在不同的认知阶段，儿童的行为习惯表现出不同的特点和发展趋势。在培养儿童的行为习惯时，家长和教育者需要充分考虑他们的认知发展阶段和认知水平，采用合适的教育方法和手段，帮助他们形成积极、健康、稳定的行为习惯。家长和教育者也需要不断引导和支持儿童的行为习惯发展，为他们创造良好的成长环境和社会氛围。

（二）社会学习与模仿

儿童行为习惯的形成在很大程度上受到社会学习和模仿的影响。社会学习理论，特别是班杜拉的社会学习理论，为我们理解儿童行为习惯的形成提供了有力的理论框架。儿童通过观察他人的行为来学习新的知识和技能，同时也通过观察他人的行为来形成自己的行为习惯。在这个过程中，儿童会注意到他人的行为、行为的结果以及他人受到的奖惩，从而影响自己的行为选择。这种观察学习不仅发生在家庭和学校环境中，也发生在社会生活的各个方面。模仿是儿童社会学习的重要方式之一。模仿是儿童通过观察和复制他人的行为来学习新技能、新知识和新行为的过程。在模仿过程中，儿童会试图复制他人的行为，并通过不断地练习和强化形成稳定的行为习惯。模仿的对象通常是儿童身边的成年人、同伴或者其他重要的人。这些人的行为举止、言语表达、情感态度等都会对儿童产生深远的影响。在社会学习和模仿的过程中，儿童会不断地与周围环境进行互动，通过试错和反馈来调整自己的行为。当儿童模仿到积极、健康、有益的行为时，这些行为就会得到强化和巩固，逐渐形成稳定的行为习惯。相反，如果儿童模仿到消极、不健康、有害的行为，这些行为也会得到强化和巩固，从而阻碍儿童良好行为习惯的形成。

社会学习和模仿还涉及儿童对他人行为的认知和理解。儿童观察他人的行为，理解他人的意图和情感，并据此来调整自己的行为。这种认知和理解能力随着年龄的增长而逐渐提高，使得儿童能够更好地理解和模仿他人的行为，并逐渐形成自己的行为习惯。家长和教育者应该注重为儿童提供良好的社会学习环境和模仿对象，引导他们观察和学习积极、健康、有益的行为，从而促进儿童良好行为习惯的形成和发展。家长和教育者也应该关注儿童的模仿行为，及时纠正不良行为，避免其形成不良的行为习惯。

（三）强化和惩罚的应用

强化是指通过某种方式，使得某种行为出现的频率增加或者减少。当个体表现出某种行为后，如果得到了积极的反馈或结果，那么这种行为在未来出现的频率就会增加，这被称为正强化。相反，如果个体表现出某种行为后，得到了负面的反馈或结果，那么这种行为在未来出现的频率就会减少，这被称为负强化。而惩罚则是指当个体表现出某种行为后，给予其不愉快或令其厌恶的刺激，以抑制该行为的出现。在儿童行为习惯的培养中，强化可以通过给予儿童积极的反馈和奖励，来增强他们良好行为的出现频率。例如，当儿童按时完成作业时，家长可以给予他们赞扬或奖励，以鼓励他们继续保持这种行为。这种正强化不仅可以增强儿童的自信心和满足感，还可以促进他们良好行为习惯的形成。惩罚也可以在一定程度上抑制儿童不良行为的出现。当儿童表现出不良行为时，家长或教育者可以通过给予他们不愉快或令其厌恶的刺激，来减少这种行为在未来出现的频率。例如，当儿童不遵守规则或捣乱时，家长可以给予他们批评或限制某些活动作为惩罚。这种惩罚虽然可以起到一定的威慑作用，但需要注意的是，过度使用惩罚可能会导致儿童产生消极情绪和心理问题，因此在使用惩罚时需要谨慎并适度。

除了传统的强化与惩罚方式外，现代心理学还提出了一些更为温和且有效的行为塑造方法。例如，通过设定明确的行为目标和奖励计划来引导儿童的行为，通过榜样示范和角色扮演来让儿童学习和模仿良好行为，以及通过鼓励和赞扬来增强儿童的自尊心和自信心等。强化与惩罚并不是万能的，它们的效果取决于多种因素的综合作用。例如，儿童的年龄、性格、家庭环境等都可能影响强化与惩罚的效果。在使用强化与惩罚时需要根据具体情况进行调整和灵活运用。

三、影响行为习惯形成的外部因素

（一）家庭教育对行为习惯的塑造

家庭教育作为儿童最早接受的教育，是对儿童各项重要品格与能力形成影响最深远的一种教育。因为不同父母之间的巨大差异，他们在家庭中采取的各种教育手段与方法也会有很大的区别。小学阶段是培育儿童良好行为习惯的关键时期，只有充分明确家庭教育工作的职责，给出家庭教育工作开展的具体途径，密切加强家校之间的联系，才能把握得住这个黄金时期，实现儿童良好行为习惯的有效养成和塑造。儿童从小都是在家庭环境中获得成长，只是在成长到需要接受教育的年纪之后才到学校接受教育，所以，在儿童接受系统性的教育之前，其他非理论性的日常生活知识都是在家中通过模仿父母的行事方式而学习到的。这充分证明了家庭环境和父母的教育模式对孩子的个人品德、习惯等培养的重要性，所以说家庭教育对于儿童养成良好行为习惯具有非常深远的意义。

（二）学校教育对行为习惯的塑造

学校教育为儿童提供了规范行为的指导和引导。在校园中，学校制定各种规章制度，如课堂纪律、校园礼仪等，引导儿童养成良好的行为习惯。通过明确的规定和要求，学校教育儿童要遵守纪律、尊重师长、友善待人，从而培养他们遵守规则和维护集体利益的观念。这种规范化的教育环境有助于儿童形成正确的行为模式，并将其逐渐内化为自觉的行为习惯。教师在课堂上不仅传授知识，还引导儿童遵守纪律、培养其良好的学习习惯，如按时上课、专心听讲、积极参与讨论等。课堂上的互动与合作也有助于儿童学会分享、尊重和理解他人，进一步影响他们养成良好的行为习惯。一个积极向上、注重品德教育的校园文化，能够激励儿童追求真善美，自觉抵制不良行为。学校通过举办各种文化活动和社会实践，让儿童在参与中体验、感悟和成长，从而形成良好的行为习惯和道德品质。教师是儿童学习的重要榜样。教师的言谈举止、待人接物等方面都会对儿童产生深远影响。一名敬业爱岗、为人师表的教师，能够成为儿童心目中的楷模，引导儿童形成良好的行为习惯。

（三）社会文化对行为习惯的引导

社会文化是引导儿童行为习惯形成不可忽视的外部因素，它在潜移默化中引导着儿童的行为和习惯。社会文化为儿童提供了行为准则和价值观。在不同的社会文化背景下，人们对于好的行为和坏的行为有着不同的定义。这些定义通过家庭、学校、媒体等渠道传递给儿童，成为他们行为习惯的重要参照。例如，在一些文化中，尊重长辈、注重礼仪是被高度推崇的，这样的价值观会影响儿童在与长辈交往时表现出更为恭敬和礼貌的行为。社会文化中的传统节日和习俗也会对儿童的行为习惯产生影响。许多传统节日都伴随着特定的仪式和行为规范，如春节拜年、中秋节赏月等。儿童在参与这些节日活动的过程中，会学习到如何待人接物、如何表达敬意和祝福等社交技能，这些都会逐渐内化为他们的行为习惯。社会文化中的媒体环境也在塑造儿童的行为习惯。随着科技的发展，儿童接触到的媒体形式日益多样，如广播电视、互联网等。这些媒体中传递的信息和价值观会无形中影响儿童的行为选择。例如，一些正面的媒体形象可能会激发儿童的模仿欲望，促使他们形成积极向上的行为习惯；而一些负面的媒体形象则可能引发儿童的叛逆心理或不良行为。社会文化中的同龄人群体也对儿童的行为习惯产生影响。儿童在与同龄人的交往中，会不自觉地模仿和学习对方的行为方式。如果同龄人群体中普遍存在着某种行为习惯，那么这种习惯很可能会在儿童之间迅速传播并被广泛接受。

四、行为习惯对儿童发展的长远影响

（一）身体健康

儿童养成定时定量、均衡饮食的习惯，能够确保他们获得生长发育所需的各种营养素。蛋白质、维生素和矿物质等对于儿童的骨骼发育、免疫系统构建至关重要。良好的睡眠习惯，如早睡早起、保证足够的睡眠时间，有助于儿童的生长激素分泌，从而促进身高的增长和身体的发育。研究显示，睡眠中生长激素的分泌量明显高于清醒时，且深度睡眠时分泌最为旺盛。教会儿童饭前便后洗手、不随地吐痰等卫生习惯，可以大大降低细菌和病毒的传播风险，减少感冒、腹泻等常见疾病的发生。培养儿童定期参加户外活动和体育锻炼的习惯，能够增强他们的体质，提高抵抗力，预防肥胖等健康问题。限制儿童使用电子产品的时间，并鼓励他们定期进行远眺，有助于保护视力，预防近视等眼疾。教育儿童避免长时间使用耳机或处于高噪声环境中，以保护他们的听力健康。教导儿童遵守交通规则，如过马路时看红绿灯、走人行道等，能够减少意外伤害的风险。通过日常教育和实践，培养儿童对潜在危险的识别和应对能力，如遇到火灾、地震等紧急情况时如何自救和互救。

良好的行为习惯对儿童身体健康的长远影响体现在促进生长发育、预防疾病、保护视力与听力以及培养自我保护意识等多个方面。家长和教育工作者应从小培养儿童养成这些习惯，为他们的健康成长打下坚实的基础。

（二）心理健康与社会适应能力

良好的行为习惯，如独立完成任务、遵守规则等，能够让儿童在成长过程中逐渐建立起自信心。这种自信不仅来自外界的肯定，更是儿童对自己能力的内在认同。有规律的生活习惯和良好的自我控制能力，有助于儿童形成稳定的情绪状态。他们更能够应对生活中的挫折和变化，减少情绪波动和焦虑情绪。乐观、积极的行为习惯，如面对困难时保持坚韧不拔的精神，能够培养儿童积极向上的心态。这种心态将有助于他们在未来面对更复杂的社会环境时保持心理健康。良好的社交习惯，如分享、合作、沟通等，是儿童融入社会、建立人际关系的基础。这些技能将帮助他们在学校、职场以及更广泛的社会环境中取得成功。

灵活变通的行为习惯将使儿童更容易适应新环境和新挑战。无论是转学、搬家还是日后面对新的工作任务，他们都能迅速调整自己的状态，融入新的集体。通过培养良好的行为习惯，如守时、负责任等，儿童将学会承担责任和履行义务。这种责任感将伴随他们一生，成为他们作为社会成员不可或缺的品质。

（三）学习与职业发展

良好的学习习惯，如定时复习、预习、认真听讲、独立完成作业等，能够显著提高儿童的学习效率。预习和复习习惯可以帮助儿童更好地理解和掌握新知识，减少在课堂上的困惑，从而提高学习效果。自主学习的行为习惯，如主动查找资料、自我检测等，有助于培养儿童独立解决问题的能力，为他们的终身学习打下基础。良好的学习习惯往往与积极的学习态度密切相关。当儿童看到自己通过努力学习取得的进步时，他们会更加热爱学习，从而形成良性循环。

儿童时期形成的良好行为习惯，如守时、认真、负责等，会转化为未来的职业态度。这些态度对于任何行业和工作都是宝贵的品质，有助于儿童在未来的职场竞争中脱颖而出。良好的学习习惯也会延伸到职业技能的提升上。一个习惯于不断学习和探索的儿童，在未来的职业生涯中更有可能持续进步，掌握更多的专业技能。

具备良好行为习惯的儿童，在未来的求职过程中往往会给面试官留下深刻印象，从而增加获得理想职位的机会。此外，这些习惯也有助于他们在工作中建立良好的人际关系，为职业发展创造更多可能性。

（四）品格与道德观念的形成

良好的行为习惯可塑造积极向上的品格，如遵守规则、诚实守信、尊重他人等，有助于儿童形成积极向上的品格。这些习惯使儿童在日常生活中表现出正直、友善和勤奋的特质，从而塑造出健康、积极的个性。培养儿童按时完成任务、对自己的行为负责等良好行为习惯，可以增强他们的责任感。这种责任感不仅体现在学习上，也会延伸到未来的工作和生活中，使他们成为更加可靠和值得信赖的人。行为习惯的培养是道德观念形成的基础。儿童通过实践良好的行为习惯，如分享、助人、尊重长辈等，逐渐理解并内化为社会公认的道德规范。这些道德规范将指导他们在未来做出符合社会期望的道德选择。良好的行为习惯要求儿童具备一定的自我约束能力，通过长期坚持这些习惯，儿童的自律性将得到显著提高。这种自律性不仅有助于他们在学习上取得更好的成绩，也有助于他们在未来面对诱惑和挑战时做出正确的决策。良好的行为习惯，如合作、分享、同情他人等，都是亲社会行为的表现。这些行为不仅有助于儿童建立良好的人际关系，也会使他们在未来更加关注社会公益事业，成为具有社会责任感的人。

第二节　儿童良好行为习惯的培养策略

儿童时期是行为习惯形成的关键时期，良好的行为习惯不仅有助于儿童的健康成长，更是他们未来走向成功的重要基石。本节将深入探讨儿童良好行为习惯的培养策略，旨在为家长、教育工作者以及社会各界提供一些有效的指导方法，共同促进儿童行为习惯的健康发展。

行为习惯是人们在日常生活中逐渐形成的自动化行为方式，它涵盖了生活的方方面面，如学习、交往、卫生、安全等。对于儿童而言，良好的行为习惯不仅能够帮助他们更好地适应集体生活，还能促进他们身心健康的全面发展。培养儿童良好的行为习惯，既是家庭教育的重要任务，也是学校教育和社会教育的重要目标。儿童行为习惯的培养并非一蹴而就，它需要家长、教师以及社会各界共同努力，形成合力。本节将从儿童的心理发展特点出发，结合实践经验，提出一系列具体的培养策略和建议。

一、儿童常见的良好行为习惯及其具体表现

一是生活习惯。按时作息、早睡早起；不偏食、不挑食，独立用餐；等等。二是交往习惯。孩子的成长和生活都离不开集体环境，家长要教育引导孩子与同伴友好交往，和谐相处。要让孩子建立初步的集体荣誉感，鼓励孩子帮

助他人，为他人或为集体多做事情，并对他们的行为及时进行鼓励夸奖。三是卫生习惯。早晚洗漱，饭前洗手，饭后漱口，勤剪指甲，适时理发，定期洗澡，衣物整洁；不随地吐痰、不乱扔垃圾、不随地大小便；同时要注意眼部、耳部卫生。四是学习习惯。能专心学习、认真听讲、遵守活动纪律；爱护学习用品；热爱阅读；会独立思考。五是说话习惯。活泼大方，勇敢坚强，礼貌谦让；别人说话注意倾听，不要打断别人的讲话；要想说话、敢说话、会说话，不在公共场所大声喧哗。作为家长，应注意从孩子的牙牙学语阶段，就教育他学习礼貌用语。父母及老师在日常行为中需以身作则，处处以自己的模范行为影响孩子、感染孩子。六是劳动习惯。让孩子从小事做起，养成良好的劳动习惯，培养孩子从小就自己穿衣、叠被、刷牙、洗手、擦脸等；自己整理玩具等物品；会干一些力所能及的家务，不给别人添麻烦；不仅要珍惜自己的劳动成果，也要珍惜别人的劳动成果。七是安全习惯。教育孩子遵守交通规则，不乱穿马路；不玩火、不玩电、不玩水等；遇到陌生人时保持警惕，不随意跟陌生人走；知道基本的紧急求助电话（如110、120等），并在遇到危险时及时求助。安全习惯对于保护孩子的生命安全和避免意外伤害至关重要。八是环保意识。教育孩子节约用水、用电，分类投放垃圾；爱护动植物，保护自然环境；选择环保的用品和食物，减少对环境的污染。从小培养孩子的环保意识，有助于他们形成可持续发展的生活方式。

二、培养儿童良好行为习惯的具体方法和途径

（一）做好行为表率，榜样示范带动

孩子成长路上的每一位陪伴者都应知道，在孩子成长的过程中，你不仅需要负责他的衣食住行等问题，还要为他做好表率。孩子就像是白纸，影响是潜移默化的，如同涓涓细流。作为孩子的教育者，你的行为代表的不仅是你自己，还会无形中对孩子的发展产生影响。所以，要时刻做好孩子的表率，用正确的榜样力量影响孩子，对孩子产生积极向上的影响。成人行为言语潜移默化的影响，远比简单的说教更具影响力。因此，成人应当经常在行为举止的得体、交流谈吐的文雅、认真的学习习惯、良好的卫生习惯、积极的劳动习惯等

方面给孩子一个正确的示范。

（二）全面了解孩子，掌握教育规律

要全方位地了解孩子，首先要了解孩子的年龄特点，掌握孩子心理发展的规律，再采用科学、适宜的方式对孩子进行习惯的培养。如果不深入地了解一个孩子，只通过观察，看到的问题有可能是片面的、直观的，但不是最深刻的。现在的孩子情商很高，都是小机灵鬼，即使是幼儿园的孩子，往往也知道避重就轻，通过长时间的相处也基本摸清了老师的性格特点，他们善于随着环境的变化而变化，这就是我们常说的，在家一个样儿，在园一个样儿。针对这种情况的孩子，往往需要更多家园沟通的机会，如针对在家不好好吃饭的孩子，在孩子刚开始吃饭时，家长应监督孩子，注意观察孩子。针对撒饭、剩饭的现象，家长应告诉他们："吃饭时，不剩饭，要认真吃完自己的一份，撒饭的孩子，大家不喜欢。"并及时和老师分享一些孩子错误的行为。之后老师在班级内利用孩子喜欢的动画形象和好的行为引导教育孩子，改掉这些不好的习惯。对表现好的孩子，要及时给予表扬和奖励。同时，可以在室内外环境的布置上，别具匠心，用一些漂亮、寓意美好、浅显易懂的图片或者标志，对幼儿进行一些潜移默化的影响。也可以利用班级舆论的力量，对幼儿的行为习惯进行评价和监督。当发现儿童有好的表现时，要及时利用集体力量进行表扬，从而强化孩子的这种行为，让孩子萌生自豪感，从而更愿意去做对的事情。经常利用这种方式，会收到很好的教育效果。

（三）找准教育契机，适时激发孩子

1. 典型案例激发

教师及时梳理生活中的一些典型案例，可以以模拟情景再现的方式，引导孩子观察，让孩子自由讨论，最后发表自己的所思所想。让孩子们说一说案例中的行为举止哪种是正确的，哪种是错误的。除了生活中的典型案例，也可以针对网络上的热点事件进行热议，及时统计结果，做出分析，对好的示范榜样加以强调和表扬。再顽皮的孩子，也渴望得到老师和家长的表扬，对正确的行为习惯适时表扬，会强化孩子模仿的意识。

2. 把握教育关键期

幼儿园的孩子，尤其是小班的孩子，各种是非观念还未初步形成，这时候就是孩子行为习惯养成教育的第一个关键期。刚步入幼儿园的孩子，有的娇生惯养，他们在家衣来伸手、饭来张口，一日生活事无巨细都需要照料。还有的孩子，在与人相处方面显得自私、霸道、不会分享。除此之外，有的孩子由于父母外出务工，由祖父母代为照管，由于教养方式的不同，表现出说脏话、卫生习惯较差等问题，这也是幼儿行为习惯方面表现最为突出的几个问题。

3. 对症解决问题

针对孩子霸道、自私、不会分享的问题，可以对症下药。一是潜移默化地帮助他们学会分享。幼儿之间的分享就是将自己喜爱的物品、美好的情感体验及劳动成果与他人共享。我们可以从教育幼儿爱身边的人开始。例如：母亲节为妈妈制作礼物，小朋友生日为小朋友制作礼物，并让幼儿懂得，只有共同分享快乐，才是真正的快乐。二是当幼儿与同伴发生矛盾或冲突时，指导他尝试用协商、交换、轮流玩、合作等方式解决冲突。三是在幼儿的活动区域中，创设情境，利用移情的手段，让幼儿学会换位思考，站在他人的立场上思考问题，感受他人的愿望、情感和感受，从而逐步形成自身积极的、正确的内心体验。最后可以利用相关的图书、故事，结合幼儿的交往经验，和他讨论什么样的行为受大家欢迎，想要得到别人的接纳应该怎样做。针对爱说脏话的孩子，当孩子刚学会骂人的时候，要及时制止并告诉他这样做不对，教会孩子一些简单的文明用语。要淡化批评，批评不是教育，实际上，批评只是教育的一种方式，而且它是一种消极的、极为不负责任的教育方式。针对自理能力和卫生习惯较差的孩子，利用地理优势，在农忙时，带孩子参观或参与农忙活动，培养幼儿初步的劳动意识。让孩子亲身体验农民的不易，强化生活体验劳动，学习各种简单的食物制作，如饺子、面条、蛋炒饭等，从而引导他们珍惜食物。利用自理能力比赛等活动，培养幼儿基本的生活自理能力，包括自己穿脱衣服、鞋袜、收拾整理衣服、独立进餐、自己洗脸等。针对卫生习惯差的孩子，除了在园协助其搞好个人卫生外，还要提醒家长，为孩子创设一个温馨、干净的家庭氛围，提醒幼儿每天刷牙、勤洗头、勤洗澡、勤换衣物，做一个干净卫生的孩子。

（四）创设教育情境，鼓励儿童进步

以幼儿园教育为例。儿童时期是各种行为习惯养成的关键时期，应开展丰富多彩的活动，有目的、有计划地帮助儿童养成良好的行为习惯。

1. 角色引导

教师安排“文明小卫士”值守。“文明小卫士”不仅是礼仪标兵，教大家互动问好，还有监督职责在内，监督入园离园的小朋友有没有在园内、园门口随手丢弃垃圾杂物，有没有随地大小便，有没有购买垃圾食品，有没有遵守交通规则。在此基础上，发现教育对象，与家长进一步交流，询问孩子在家的表现。持续一段时间后，大多数孩子不论是从心理上，还是在行动上都已经有了很大的改观。对行为习惯表现好的幼儿进行嘉奖，邀请家长参与表彰大会，通过优秀家长经验交流、“文明小卫士”经验分享，以此来增强孩子的荣誉感。最后还可实行“文明小卫士”轮班制，对各班表现好的孩子，给予机会，让他来当“文明小卫士”。很多孩子在穿上制服出去执勤的那一刻，对自身的行为也有了一个更深的自省，而没有轮上的孩子，出于对“文明小卫士”的向往，也会慢慢向他们学习，自我约束、自我改进，逐步养成一些良好的行为习惯。

2. 活动引导

孩子们每天都要进行户外活动和游戏。户外游戏时间是个体最为放松的时刻，部分孩子的不良行为此时就会显露出来，这时就需要教师加以引导。针对有的幼儿乱跑、强势、规则意识差的现象，可以采用以下办法。一是和家长沟通，以视频分享的形式，让家长观察幼儿的行为，并针对孩子的行为，与家长一起找到症结，看看他们平时在家中有没有对孩子做出诸如此类的行为，误导孩子、影响孩子。如若有，提醒家长，和孩子共同改进。二是在班级管理中，比如在做游戏前，教师会先讲清规则，对于不遵守规则的孩子，暂时请他停止活动，表示一定的惩罚，然后让遵守规则的孩子进行游戏，当发现有特别顽皮、不听也不遵守规则的孩子时，教师会明确表态：下次游戏，不能去。三是对于在厕所、上下楼时爱打闹的孩子，要及时进行制止，寻找一些安全教育方面的视频，让他们观看，让孩子知道上下楼梯拥挤、推搡的危险之处，引起他们对于自身行为的关注和约束，这样在避免秩序混乱的同时，还可以有效地预防安全事故的发生。

3. 节日引导

教师结合节日设计系列教育活动，激发幼儿情感，培养幼儿养成良好的行为习惯。比如，针对父亲节、母亲节，开展热爱父母主题教育。爱父母是幼儿爱他人、关心他人的开始，是品德教育的重要内容。幼儿通过了解父母的工作，体会父母工作的辛苦；通过了解父母的爱好，学会关心父母，从爸爸妈妈的角度想问题。教师引导幼儿感受爸爸妈妈的想法，从小听父母的话，为父母做一些力所能及的小事。教师还可以通过重阳节主题教育培养幼儿关爱老人、尊老敬老的习惯。尊老敬老一直是中华民族的传统美德。可以让幼儿用自己的行动来表达对爷爷奶奶的情感，如为爷爷奶奶捶背、洗脚、给予爱的抱抱、说祝福语等。通过讲述重阳节的来历和风俗习惯，让幼儿体验与老人之间浓浓的亲情。让孩子体会他人的情感，逐步摆脱以自我为中心的倾向。以爱亲人、爱同伴为契机，逐步引导幼儿爱集体，爱护班级、家庭、社会公物，不将公物据为已有或随意破坏；公共场所不大声喧哗，随手丢弃垃圾，在人群密集的场所自觉排队，耐心等候；见到有困难的人要及时伸出援手，给予帮助；等等。

（五）家园同步协作，形成教育合力

家庭既是孩子的生活环境，也是很重要的教育环境。对于幼儿来说，在家的时间约占全部生活时间的三分之二。幼儿良好行为习惯的形成，既离不开教师的引导，同样也离不开家庭氛围的熏陶。在幼儿园接受的行为模式，如果家长不主动配合，孩子回到家后，可能很快便丢弃在一旁，良好的习惯就难以养成。所以教师应引导家长创设良好的家庭教育环境。要求父母努力创设和保持一种和谐愉快、互相尊重的家庭氛围。让幼儿在这样温馨、和谐的家庭中感到温暖愉快，情绪稳定，得到爱的熏陶，从而萌发自信心、上进心；引导家长创设优美整洁的家庭环境，让幼儿从小养成爱整洁、爱护物品、生活有规律等良好行为习惯。最后，将幼儿园教师的教育模式延伸到家庭教育中来，幼儿园要求孩子怎么做的，在家里家长要同样如此要求孩子。在幼儿园教师多为幼儿提供需要大家齐心协力才能完成的活动，让幼儿在集体活动中体会合作的重要性。通过有目的的教育活动和日常生活内容培养幼儿自发的分享行为，让幼儿充分体验给予及被给予带来的快乐和满足以及人与人之间的温暖和友爱，以此来巩固良好行为习惯的养成。生活处处皆教育，事事皆教育，时时皆教育，就看家长和老师怎么理解运用。作为一名教师，在平时的行为习惯养成方面，尽可能地教给孩子最为正确的为人处世之道，待人接物之理，让他们幼小的心灵中初步萌生出正确的道德观、价值观。规范自己的言行，用正确的言行影响每一个孩子，诠释行为习惯养成教育的真谛，塑造一个文明、礼仪、谦让的校园氛围，让礼仪之风浸润生活的每一天。

（六）社会支持策略

良好的社会环境、丰富的社会资源和广泛的社会参与，都能为儿童的行为习惯培养提供有力的支持和保障。社区是儿童成长的重要场所，其环境直接影响儿童的行为习惯。构建一个积极、健康、和谐的社区环境至关重要。社区可以通过举办各类活动，如亲子活动、环保活动、文化活动等，促进家长与儿童、儿童与儿童之间的互动和交流，从而培养儿童的良好行为习惯。社区还可以通过制定相关规章制度，规范社区成员的行为，为儿童树立良好的行为榜样。

社会资源的丰富性对于儿童行为习惯的培养具有重要影响。政府和社会组织应提供多样化的教育资源，如图书馆、博物馆、科技馆等，为儿童提供广阔的学习空间。还可以开展各类教育项目，如夏令营、冬令营、社会实践等，让儿童在实践中学习和体验，培养良好的行为习惯。社会参与和合作是培养儿童良好行为习惯的重要途径。家长、学校、社区、政府等各方应加强沟通和合作，共同为儿童的行为习惯培养贡献力量。学校可以定期邀请家长参与校园活动，了解孩子在校的表现和需求；社区可以组织志愿者为儿童提供课外辅导和关爱；政府可以出台相关政策，鼓励和支持社会各界参与儿童教育事业。

榜样对于儿童行为习惯的培养具有重要影响。社会各界应积极树立正面的社会榜样，如优秀教育工作者、道德模范、志愿者等，让儿童在榜样的激励下养成良好的行为习惯。媒体也应发挥积极作用，通过宣传报道正面典型和先进事迹，营造良好的社会氛围。

对于存在行为问题的儿童，社会应提供心理咨询和辅导服务。专业的心理咨询师可以通过个别咨询、团体辅导等方式，帮助儿童识别问题所在，并提供有效的解决方案。学校和社会组织还可以开设心理健康课程和活动，提高儿童的心理健康水平，为良好行为习惯的培养奠定基础。

习惯是一种顽强又巨大的力量，它可以影响人的一生，因此，人在幼年时期就应该通过教育培养良好的习惯，要以儿童的日常活动教育为主，以家庭、社会教育力量为辅，以形式多样、丰富多彩、寓教于乐的教育活动，激发儿童的情感体验，积极培养儿童良好的行为习惯，为儿童的终身发展奠定基石。

（七）反馈与调整

家长和教育者应收集有关儿童行为习惯的反馈。通过及时的反馈，家长和教育者可以了解儿童行为习惯培养的现状和存在的问题，从而根据实际情况调整培养策略和方法，以确保行为习惯培养的有效性。通过反馈，家长和教育者可以了解儿童在行为习惯培养过程中的表现和进步，以及存在的问题和困难。反馈有助于家长和教育者深入了解儿童行为问题的根源，从而找到解决问题的关键。家长和教育者可以直接观察儿童的行为表现，如吃饭、穿衣、睡觉、学习等方面的习惯。通过观察，可以发现儿童的行为习惯和进步情况。家长和教育者可以通过与儿童沟通交流，了解他们的想法、需求和困难。通过交流，可以更好地了解儿童在行为习惯培养过程中的心理状态和需求。可以设计问卷，让家长、教师和其他相关人员填写，以收集关于儿童行为习惯培养的信息和反馈。

根据反馈的信息，针对儿童在行为习惯培养过程中存在的问题，制定相应的调整策略。例如，如果儿童在饮食方面存在挑食、偏食等问题，可以调整饮食结构和方式，增加食物的多样性和营养性。对于儿童在行为习惯培养过程中表现出的正面行为，家长和教育者应及时给予表扬和奖励，以强化这些行为。正面强化可以提高儿童的积极性和自信心，促进良好行为习惯的养成。在调整过程中，家长和教育者应注意适度引导儿童的行为。避免过度干预或放任自流，要尊重儿童的个性和需求，引导他们自主形成良好的行为习惯。调整策略后，家长和教育者应持续关注儿童的行为习惯培养情况，并根据实际情况进行跟进和调整。通过持续的关注和跟进，可以确保行为习惯培养的有效性和持久性。

第三节　儿童不良行为习惯的预防与矫正

对于儿童这一群体，由于本身受到年龄的限制，其在身心各个方面的发展不够健全，在面对各种诱惑、刺激时常常很难进行分辨、抵抗，容易出现一些不好的行为习惯，假如不加以及时地矫正，就会对其成长和发展产生非常大的负面影响。

一、儿童不良行为习惯与成因

（一）家庭原因

部分家庭教育的方法过于简单，不是溺爱，就是严苛，很难在两者之间真正找到平衡点。家庭教育当中，部分父母在思想观念上缺少重视，很难起到相应的示范作用，反而提供了一些反面教材使得儿童学习到一些不良的行为习惯。譬如，在实际生活当中，当儿童出现一些错误时，一些溺爱的家长可能认为是小事情，就只是在其他方面找寻原因为孩子辩护，使得孩子无法意识到自己的错误；而一些比较暴躁的家长，则会对孩子进行打骂，使得孩子在内心深处产生畏惧。这些对于孩子的身心发展都是非常不利的。

（二）学校原因

部分儿童之所以形成了一些不好的行为习惯，与学校教育的落实也有着非常大的关系。如，部分学校在教育的开展过程中，只是一味地追求升学率，而忽视了儿童的行为规范教育，造成了非常不好的影响。

（三）儿童原因

除了以上两点之外，儿童本身也存在着一定的问题。儿童在身体、智力等方面的差异，可能导致有些孩子出现自暴自弃的心理，使得一些不良的习惯得到衍生。还有对于低年级的孩子来说，假如周边儿童出现一些不良行为，儿童就会效仿，沾染上一些不良的习惯。这些都是不良行为形成的原因，会成为儿童良好行为习惯养成当中的障碍。

二、儿童不良行为习惯的预防策略

（一）建立正确的价值观

价值观是个体对事物和行为的基本看法和评价标准，它影响着个体的决策和行为选择。明确价值观的重要性，有助于个体在面临选择时表现出符合社会规范和道德标准的行为。家庭、学校和社会应该共同努力，通过教育和引导，培养儿童积极的道德品质，如诚实、尊重、责任感、自律等。这些品质是形成正确价值观的基础，也是预防不良行为习惯的关键。父母、教师和社会公众人物是孩子模仿和学习的重要对象。他们的行为和态度会对孩子的价值观产生深远的影响。这些角色应该树立正面的榜样，展示出积极的行为和价值观。家庭、学校和社会通过教育和宣传，强化儿童对正确价值观的认同感。让儿童明白，遵守社会规范和道德标准不仅是个人的责任和义务，也是对社会和他人的贡献。在家庭、学校和社会中，为儿童提供实践正确价值观的机会。例如，参与志愿服务、公益活动、社区建设等，让儿童在实践中体验和学习正确价值观，并逐渐形成自己的行为准则。当儿童出现错误观念或行为时，家庭、学校和社会应该及时给予纠正和引导。通过讲解、讨论、反思等方式，帮助儿童认识到自己的错误，并引导他们重新树立正确的价值观。努力构建积极的社交环境，减少负面信息的干扰和影响，为儿童提供良好的成长氛围。

（二）提供良好的成长环境

一个积极、健康、有益的成长环境可以为儿童的全面发展奠定坚实的基础，有助于他们形成正确的价值观和行为习惯。家庭是儿童最初接触社会的场所，也是他们形成行为习惯和价值观的重要基地。家庭成员之间应相互尊重、理解和支持，保持亲密而稳定的家庭关系。这有助于儿童感受到安全和温暖，形成积极的自我形象和自信心。父母应关注孩子的全面发展，不仅要关注学习成绩，还要关注孩子的品德、情感、社交等方面的发展。父母应成为孩子的榜样，展示出积极的行为模式，如诚实、勤奋、尊重他人等。父母应关注孩子的情感需求，给予他们足够的关爱和支持。当孩子遇到困难和挫折时，父母应耐心倾听、理解他们的感受，并提供积极的建议和指导。

学校应注重培养儿童的学习兴趣和自主学习能力，鼓励他们积极参与课堂讨论和课外活动。学校应关注儿童的学习进度和困难，提供必要的帮助和支持。教师应以身作则，展示出高尚的道德品质和职业操守。他们应关注儿童的行为变化，及时给予正面的反馈和引导，帮助儿童形成正确的行为观念。学校应提供多样化的课外活动，如体育运动、艺术表演、社会实践等，让儿童有机会展示自己的才能和兴趣，培养他们的团队合作意识和领导能力。

政府应加大对公共设施的投资力度，确保公园、图书馆、博物馆等场所的安全和卫生。政府还应加强对娱乐场所的监管，防止不良信息的传播。媒体和网络作为信息传播的重要渠道，应传播正面信息，抵制不良风气的侵蚀。应关注社会热点和民生问题，为公众提供真实、客观、公正的信息。社区是个体生活的重要场所，也是人们形成行为习惯和价值观的重要外部环境。社区应建立积极的社区文化，鼓励居民参与社区建设和服务活动，提高居民的凝聚力和归属感。

（三）设立明确的规则和期望

明确的规则和期望不仅有助于儿童明确行为的界限，还有助于他们形成自律意识和责任感。明确的规则为儿童提供了行为的明确界限，使他们知道哪些行为是被接受的，哪些行为是不被接受的。这有助于减少模糊地带，降低不良行为发生的可能性。当儿童明白规则并遵守它们时，他们会逐渐培养出自律意识。明确的规则和期望使儿童明白自己的行为对他人的影响，从而增强他们的责任感。他们会更倾向于做出符合社会规范和道德标准的行为，以维护自己和他人的利益。规则应该具体、明确，并且具有可操作性。例如，在家庭中可以规定孩子晚上10点前必须上床睡觉，不得在未经允许的情况下擅自外出等。在学校中可以规定儿童不得在课堂上玩手机、不得抄袭作业等。向儿童解释规则背后的原因和目的，有助于他们更好地理解规则并遵守它们。例如，可以告诉孩子晚上按时睡觉有助于身体健康和提高第二天的学习效率。

期望应该根据儿童的年龄、能力和特点来设定，既不过高也不过低。过高的期望可能让儿童感到压力巨大，过低的期望则可能让他们缺乏动力。制定明确的奖惩机制，对遵守规则的行为给予奖励，对违反规则的行为进行惩罚。这有助于强化规则的重要性，并让儿童明白自己的行为会承担的后果。

规则和期望的设立不是一次性的，而是需要持续监督和反馈的过程。家庭、学校和社会应该共同关注儿童的行为变化，及时给予反馈和指导，帮助他们养成良好的行为习惯。

在家庭、学校和社会中，对同一行为的规则应该保持一致，避免出现相互矛盾的情况。规则应该公平、公正，不偏袒任何一方。这有助于建立儿童对规则的尊重和信任。

（四）鼓励积极的行为

积极的行为不仅能够带来个人的满足感和成就感，还能促进与他人的良好关系，增强儿童的社会适应能力。为了鼓励积极的行为，我们可以为儿童设立明确的目标，并制定相应的奖励机制。这些目标应该是具体、可衡量的，并与儿童的兴趣和能力相匹配。当儿童达到目标时，给予他们适当的奖励和认可，以增强他们的积极性和动力。当儿童表现出积极的行为时，我们应该及时给予正面的反馈和支持。这种反馈可以是口头的表扬、鼓励的话语，或者是物质上的奖励。通过向儿童传递积极的信号，我们可以增强他们的自信心和自尊心，促进他们持续表现出积极的行为。为了鼓励积极的行为，我们还需要创造一个积极的环境和氛围。这包括提供一个安全、和谐、充满爱的家庭环境，一个积极向上、互相支持的学校环境，以及一个充满正能量、积极向上的社会环境。在这样的环境中，儿童更容易受到积极的影响，形成积极的行为习惯。价值观是个体行为的内在动力和指导原则。教育和引导儿童认识到积极行为的重要性，以及不良行为的危害和后果，可以帮助他们形成正确的价值观和行为准则，从而预防不良行为习惯的形成。

三、儿童不良行为习惯的矫正策略

（一）家校协同，因材施教

实行家校合作，矫正不良习惯。在孩子日常的成长和发展过程中，父母陪伴是非常关键的，教师只有和父母达成共识、形成合力，才能够矫正儿童的一些不良行为习惯，达到理想中的教育成效。教师首先应该多与家长进行沟通，针对此方面进行一些探讨和经验、意见的互换等，从而争取到家长的支持，使不良行为习惯得到逐渐的转化。在现阶段现代技术高速发展的背景下，教师一定要充分发挥自己的作用，通过多种方法、手段与家长更好地进行沟通，实现方法、意见的交流。两者间可以沟通的渠道是非常多的，比如，QQ群、电话、微信、家访等，都可以针对儿童在家、在校的表现进行交流，教师对家长的指导方法进行引导，使得家长可以更多地将时间、精力放在孩子的教育、陪伴上，从而促进儿童的身心得到健康发展。

加强自信教育，矫正不良习惯。在以往的教学实践中教师可以经常发现，与一些优秀生相比较，行为习惯不良的儿童在自尊心这一方面是更强烈的，对于成功和平等都是非常渴望的。所以，在进行不良行为习惯矫正的过程当中，教师可以抓住儿童的这一特点，不断地实施自信教育，使得儿童拥有更多的自信心，从而使其一些不良的言行习惯得到矫正。无论是家长还是教师，在面对这部分孩子时，都应该给予更多的帮助、爱护、尊重。特别是教师，一定要以心换心，而不是对儿童进行嘲讽、歧视等，应该关注儿童、鼓励儿童，使得其逐渐感知到来自大家的温暖、关怀，从而获取到更多的进步和发展。家长和教师在其中应该善于挖掘儿童在行为习惯上的闪光点，当儿童的习惯养成朝着好的方向发展时，家长和教师就应该采取奖励，使得儿童受到激励，自信教育得到形成。

重视因材施教，矫正不良习惯。儿童和儿童之间的差异是比较明显的。所以，在教育和引导的过程中，教师也应该尽量结合儿童的实际情况，秉持因材施教的原则。在此过程中，可以结合班级中的一些教学活动不断渗透情感教育，让儿童设定理想目标、价值观的目标等，帮助儿童树立远大理想，并懂得矫正不良行为是理想实现的第一步，这对于其行为的改善将有非常大的帮助。在此模式下，教师应该展现自己的魅力，做到动之以情、晓之以理，使得儿童在思想上树立决心，自发地矫正不良习惯。

指导矫正方法。儿童自身矫正不良习惯的能力是非常有限的，即使儿童在思想上想要改正不良的习惯，但是在实际落实的过程中必不可少的会遇到困难。此时，教师可以传授给儿童相应的解决方法。教师应该引导儿童明确目标，从身边的小事做起、从自己的一言一行做起；在实际落实的过程中，也不应该急于求成，而是应该循序渐进，做到不懈努力、持之以恒。

（二）建立奖励机制

如果教师只会提出要求，而不能及时地进行检查，那么就不会有很好的教育效果。教师应在班中建立对应的奖励制度，总结自己的发现和儿童的发现，对表现良好的儿童给予奖励，例如：部分儿童的表现良好，主动帮助同学，不乱扔垃圾等。在总结时，教师要进行具体的讲解，把对的方法传递给儿童，给儿童做出正确的示范，这样有助于儿童更好地学习，然后把表现好的儿童的姓名写进荣誉栏，给儿童一些奖励，比如零食、文具等。除了奖励制度之外，老师还要对儿童进行称赞，当称赞儿童的时候，要让儿童知道自身的优秀之处。老师把表扬落实到具体的事情上，有助于让儿童理解怎样做是对的，从而形成良好的行为习惯。

（三）营造良好的情感氛围

儿童的心灵如同一块纯净的玉石，既敏感又脆弱。他们的内心充满了对世界的好奇和对爱的渴望。与成年人一样，儿童也有着多层次的需求，包括安全的需求、归属感的需求以及最重要的爱的需求。如果这些需求得不到及时的满足和回应，儿童的心灵可能会遭受创伤，甚至引发一系列的心理问题。家长作为儿童成长道路上最重要的引路人，其角色是无法替代的。在儿童的成长过程中，家长的陪伴、关爱和教育都起着至关重要的作用。因此，老师应当积极与儿童的家长保持密切的联系和沟通，共同为儿童营造一个健康、积极、充满爱的成长环境。家庭是儿童成长的摇篮，家庭氛围的温馨与和谐对儿童的心理健康有着至关重要的影响。一个充满爱的家庭，能够给予儿童足够的安全感和归属感，让他们敢于去探索世界，去尝试新事物。家长应该时刻关注儿童的情感需求，用关爱和温暖去滋养他们的心灵，让他们感受到家的温暖和力量。在学校，老师应当用心去营造一个充满爱的校园氛围。在课堂上，老师应该尊重每一个儿童，关注他们的情感变化，用鼓励的话语和眼神去激励他们。在课外活动中，老师应该组织各种有趣的活动，让儿童在参与中感受到友谊的温暖和集体的力量。家长和老师之间也应该保持良好的沟通与合作。家长应该积极了解儿童在学校的情况，与老师共同商讨教育方法，为儿童提供一个连贯、一致的教育环境。老师也应该及时向家长反馈儿童在学校的表现，帮助家长更好地了解儿童的成长情况，共同为儿童的健康发展贡献力量。只有在一个充满爱的环境中，儿童才能够茁壮成长。家长和老师都应该用心去营造一个这样的环境，让儿童在爱的滋养下健康、快乐地成长。

（四）树立榜样

作为孩子的第一任老师，父母的言行举止都会对孩子产生很大的影响。一对父母表示，他们的孩子经常把自己的物品随意地放在家里，而她的家庭作业却无法专心完成，她有时玩耍，有时去洗手间，功课要到很晚才能完成，而且字迹潦草，错误率极高。据悉，儿童的状况与其父母之间存在着很大的关系。其父母文化程度不高，生活不规律，动不动就请朋友来家中打牌、喝酒，这就无形中导致儿童注意力不集中，自控力不强，极易被外部因素所影响，从而形成了很多不良的行为和习惯。父母应该起到示范作用，自我约束。当孩子正在学习的时候，要主动关掉电视，给他准备好学习用品，并且要让他安静下来，这样才能营造出一个好的学习环境，这对于矫正孩子的不良行为习惯，提高他们的注意力都有很大的帮助。

（五）加强家校间的沟通

作为一名老师，应该以崇高的师德和敬业的精神来对待每一个儿童，采取有针对性的“一对一”教学。这样不仅可以教授儿童知识，而且可以培养儿童的兴趣爱好，促进儿童的全面健康发展。对儿童的成长、进步，教师要及时给予嘉奖，并在此基础上，通过家校联络会，与家长进行良好的交流。在沟通过程中，要始终坚持教育为主，汇报为辅的原则，让家长们了解到一些具体的教育内容和教育方法，使他们建立起和学校一起教育孩子的思想。父母也应该起到表率作用，尽力为儿童的成长创造良好的环境，让儿童能够在学习中积极地参与到社会中，学会独立谋生的技能。

第四章　儿童社交技能发展

在儿童的成长过程中，社交技能的培养与发展具有举足轻重的作用。这不仅关系到他们能否顺利融入社会，更在深层次上影响着他们的心理健康和未来的成功。本章将深入探讨儿童社交技能的重要性及其发展过程，分析各阶段的特点与面临的挑战，并提出相应的培养策略。通过了解儿童社交技能的发展过程、探索提升其社交技能的策略与方法，我们可以更好地支持他们的成长，助力他们在人生的道路上走得更远、更稳。

第一节　儿童社交技能的重要性与发展阶段

社交技能是儿童成长过程中的重要能力，它不仅关乎儿童与他人的互动方式，更影响着他们的心理发展和未来的社会适应能力。随着儿童的成长，他们的社交技能会经历不同的发展阶段，每个阶段都有其独有的特征和需求。了解这些阶段，对于家长和教育者来说至关重要，因为这有助于他们更加精准地把握儿童的心理动态，提供恰当的支持和引导。本节将详细阐述儿童社交技能的重要性及其发展阶段，以便读者能更深入地理解这一关键能力在儿童成长中的意义。

一、社交技能对儿童成长的影响

（一）社交关系的定义与发展阶段

社交作为儿童与外部环境进行互动的一种基本方式，经历了多个发展阶段。从初生婴儿时期到儿童进入学龄阶段，社交关系的发展呈现多样性和复杂性。在这一过程中，儿童在亲子、同伴等不同群体的关系中逐渐学会合作、沟通和理解他人，形成了独特的社交技能。在婴幼儿期，社交关系的主要依赖点在于亲子关系。初生婴儿通过对父母的依赖建立安全感，随着时间的推移，儿童逐渐学会与父母进行简单的互动，如眼神交流和表情回应。这是社交关系发展的最初阶段，奠定了儿童基本的情感基础。随着逐渐长大，儿童进入了幼儿园和学前班等集体环境，社交关系迎来了新的发展阶段。在同伴关系的影响下，儿童学会了分享、合作和交友。儿童逐渐认识到自己是一个社会群体中的一员，通过与同伴互动，培养了更为复杂的社交技能，如解决冲突和分享资源。进入学龄期，儿童的社交关系发展更趋向于独立性和复杂性。儿童面对着更广泛的社会群体，包括老师和更多的同龄人。在学校环境中，儿童需要适应不同的社交规范和文化背景，这进一步丰富了儿童的社交经验。这一阶段，儿童的社交关系更加注重合作、友谊及理解他人的需求和情感。

儿童时期是情感和社交关系发展的关键时期。情感的适当表达和有效调节对培养儿童社交技能至关重要。儿童教育及儿童社会能力发展必须以心理学研究为基础，认真探索儿童情绪表达的主要方式，以促进儿童社交能力的进一步发展。儿童时期的社交技能将为他们未来的人际关系奠定坚实的基础。通过与同龄人的交往，儿童将学会如何建立和维护友谊、如何处理人际关系中的冲突和矛盾等。这些经验和技能将在他们未来的生活中发挥重要作用，帮助他们更好地融入社会、实现个人价值。良好的社交技能还能使儿童在人际交往中更加得心应手，更加自信地面对各种挑战和机遇。

（二）社交互动与儿童认知能力

社交互动是儿童学习语言的重要途径。在与他人的交往中，儿童会不断接触到新的词汇、语法结构和表达方式。他们通过观察、模仿和实践，逐渐掌握语言规则，提高语言表达能力。社交互动也为儿童提供了使用语言的机会，使他们在实践中不断巩固和扩展语言知识。在社交过程中，儿童需要关注他人的言行举止，理解他人的意图和需求。这种持续的注意力训练有助于提高儿童的注意力水平。社交互动中的信息交流和情感共享也会促进儿童记忆力的发展。他们会在与他人交往的过程中，逐渐学会如何记住重要信息，以便在后续的互动中运用。社交互动中难免会遇到各种问题和冲突。儿童在解决问题的过程中，需要运用观察、分析、判断和推理等认知能力。通过不断尝试和调整策略，儿童会逐渐掌握解决问题的方法和技巧。儿童会接触到各种情绪表达和情感体验。通过观察他人的情绪反应和表达自己的情绪感受，儿童会逐渐学会识别和理解不同的情绪。这种情绪理解能力有助于他们更好地与他人建立联系和沟通，促进其社交技能的发展。社交互动中的多元信息和不同观点会挑战儿童的认知结构。他们需要不断调整自己的思维方式，以适应新的信息和环境。这种认知灵活性有助于儿童在面对复杂问题时保持开放的心态和灵活的思维方式，从而更好地应对未来的挑战。

元认知是指个体对自己的认知过程和结果的认知。在社交互动中，儿童需要不断反思自己的言行举止和思维方式，以更好地理解他人和适应环境。这种反思过程有助于儿童形成元认知意识，提高自我认知和自我调节能力。

（三）社交技能与儿童未来社会适应性

儿童通过社交技能的培养，逐渐学会与他人建立关系、互动和合作，为其未来的社会适应性奠定了坚实的基础。具有良好社交技能的儿童能够更好地理解他人的情感和需求，学会尊重他人、关心他人，从而与他人建立深厚的友谊和互信关系。这种稳定的人际关系不仅能够满足儿童的社交需求，还有助于他们在成长过程中形成健康的人格和价值观。在未来的社会中，儿童将面对各种复杂的人际环境。他们需要具备良好的社交技能，以便在与人交往时保持自信、积极和开放的态度。这种态度将有助于他们更好地适应社会环境，赢得他人的信任和尊重。在社交过程中，儿童难免会遇到各种冲突和问题。具有良好社交技能的儿童能够学会运用各种策略和技巧解决问题，如沟通、协商、妥协等。这些能力不仅有助于他们解决当前的冲突和问题，还有助于他们在未来面对更复杂的社会问题时保持冷静和理性。

在未来的社会中，儿童将面临着更多的社交挑战。他们需要具备良好的解决社交冲突和问题的能力，以便在各种环境中保持自信和竞争力。这种能力将有助于他们更好地融入社会，成为有价值的社会成员。社交环境是复杂多变的，儿童需要具备良好的适应不同社交环境的能力。具有良好社交技能的儿童能够根据不同的社交场合和对象调整自己的言行举止，以适应不同的社交环境。这种能力将有助于他们在未来的社会中更好地适应各种环境，包括学校、工作场所、社区等。

社交技能的培养还有助于增强儿童的社会责任感和公民意识。通过参与各种社交活动，儿童能够逐渐认识到自己在社会中的责任和角色，学会关心社会、关注他人，并积极参与社会公益事业。这种责任感和公民意识将有助于他们在未来的社会中成为有道德、有良知、有担当的公民。

良好的社交技能还有助于促进儿童的心理健康发展，提高他们的幸福感。通过与他人的交往和互动，儿童能够感受到来自他人的关心和支持，增强自信心和自尊心。社交互动中的情感交流和共享也有助于儿童缓解压力、减轻焦虑，提高生活满意度和幸福感。

社交技能可以帮助儿童建立稳定的人际关系，提升解决社交冲突和问题的能力、适应不同社交环境的能力，增强社会责任感和公民意识以及提升心理健康水平和幸福感。这些将有助于儿童在未来的社会中更好地适应环境、融入社会并实现个人的价值和发展。

我们应该重视儿童社交技能的培养，为他们提供丰富的社交环境和机会，让他们在实践中不断锻炼和提高自己的社交能力。

二、儿童社交技能的发展阶段

在儿童的成长旅程中，社交技能的发展是一个渐进且连续的过程，始于婴儿期，并贯穿于整个童年和青春期。

（一）婴儿期（2 个月 ~1 岁）基础社交互动

在婴儿期，儿童开始展现其最初的社交互动，这些基础性的社交技能为后续的社交发展奠定了基础，主要表现在与主要照顾者（通常是父母或其他监护人）的互动中。这些早期的社交互动是儿童学习如何理解他人、表达自己以及与他人建立关系的基础。婴儿通过表情、声音和肢体动作来表达自己的情感，如喜悦、愤怒、惊讶等。他们也开始学会识别和理解他人的情感表达。婴儿会主动与照顾者进行目光接触，这是建立联系和沟通的重要方式。目光接触有助于婴儿感受到被关注和照顾者的回应。

婴儿会模仿照顾者的面部表情、声音和动作。这种模仿不仅有助于他们学习新的技能，也是他们与照顾者建立联系的一种方式。婴儿会通过哭声、笑声、咿呀声等不同的声音来表达自己的情感。他们还会使用面部表情和肢体动作来辅助表达，如微笑、皱眉、挥手等。婴儿会频繁地与照顾者进行目光接触，以建立联系和获取关注。他们会注视照顾者的脸部，并尝试与照顾者进行眼神交流。婴儿会主动模仿照顾者的行为，如张嘴、伸舌、挥手等。

（二）幼儿期（1~3 岁）基础社交互动

幼儿期是儿童社交技能发展的关键阶段，这一时期儿童的社交范围开始从家庭环境逐步扩展到幼儿园等社会环境，他们开始与同龄伙伴及不同年龄段的儿童进行更多的互动。这些基础社交互动不仅塑造了儿童日后的社交习惯，还为其全面发展奠定了坚实的基础。儿童开始能够使用更复杂的句子和词汇来表达自己的需求和情感。他们也开始学习如何倾听他人的意见和观点。儿童逐渐学会识别和管理自己的情绪，如高兴、生气、伤心等。他们也开始学习如何理解和尊重他人的情感。在集体活动中，儿童开始学会与同伴合作完成任务，并愿意分享自己的玩具和食物。儿童开始理解并遵守简单的社会规则，如轮流、等待、尊重他人的财产等。

在幼儿期，儿童能够使用更复杂的句子和词汇来描述自己的经历和感受。他们还会通过提问和回答来与同伴进行更深入的交流。儿童开始能够更准确地表达自己的情感，如通过面部表情、声音和肢体动作来传达高兴、生气或伤心等情绪。在集体活动中，儿童会主动与同伴合作完成任务，如一起搭积木、画画等。他们还会学会分工合作，以提高任务的完成效率。儿童开始愿意分享自己的玩具和食物给同伴，并能够在分享过程中体验到快乐和满足。儿童开始理解并遵守一些简单的社会规则，如排队、等待、轮流等。

（三）学龄前期（3~6 岁）友谊与社交规则

这一时期儿童开始进入幼儿园，社交环境发生了显著变化，他们不仅要在家庭中与亲人交往，还要在学校中与同龄伙伴、老师和其他人员进行更多的互动。在这一阶段，友谊的建立和对社交规则的理解与遵守成为儿童社交技能发展的关键。儿童开始主动寻找志同道合的伙伴，建立并维护友谊关系。他们学会了如何与朋友相处，如何处理友谊中的冲突和矛盾。儿童逐渐理解并遵守社交规则，如尊重他人、礼貌待人、诚实守信等。他们开始明白在社交场合中应该如何表现自己，以获得他人的认可和尊重。在集体活动中，儿童需要学会与同伴合作完成任务，并展现出一定的领导能力。他们开始明白自己的角色和责任，以及如何与他人协作以实现共同目标。儿童开始形成更加稳定的自我认知，了解自己的优点和不足。他们也开始学会管理自己的情绪，如控制愤怒、缓解压力等。

（四）学龄期（6~12 岁）友谊与社交规则

儿童开始与同龄伙伴建立深厚的友谊关系，他们会在课余时间一起玩耍、交流和学习。在友谊中，他们学会了分享、支持和理解，这些经历有助于他们形成健全的人格和正确的价值观。儿童开始自觉遵守社交规则，如排队、等待、尊重他人等。他们明白这些规则是维护社交秩序和公平的基础，因此会主动遵守并倡导他人也这样做。在集体活动中，儿童会主动与同伴合作完成任务，并展现出一定的领导能力。他们可能会担任小组长或班长等职务，负责组织和管理小组活动。在这些过程中，他们学会了如何与他人协作、分工和解决问题。儿童开始更加关注自己的内心世界，了解自己的情感需求和价值观。他们也开始学会管理自己的情绪，如通过深呼吸、冥想等方法来缓解压力和焦虑。这些经历有助于他们形成稳定的自我认知，培养良好的情绪管理能力。

（五）青春期（12~18 岁）复杂社交互动与冲突解决

青春期是儿童社交技能发展的一个重要转折点，这一时期他们的社交环境变得更加复杂，社交互动也变得更加频繁和深入。在这一阶段，儿童不仅需要掌握基本的社交技能，还需要学会处理更为复杂的社交问题和冲突。儿童开始与不同年龄、不同背景的人进行更广泛、更深入的社交互动。他们学会了在多种社交场合中自如地表现自己，如学校、家庭、社区等。面对社交冲突，儿童开始具备独立解决问题的能力。他们学会了如何有效地沟通、协商和妥协，以达成双方都能接受的解决方案。在集体活动中，儿童不仅需要与同伴合作完成任务，还需要展现出一定的领导能力。他们学会了如何分配任务、协调资源和推动团队向前发展。儿童开始对自己的社交角色和地位有更清晰的认识。他们了解自己的优点和不足，并努力在社交环境中找到适合自己的位置。

面对社交冲突，儿童不再仅仅依赖家长或老师的帮助，而是开始尝试独立解决问题。他们学会了倾听对方的意见、理解对方的立场，并寻求双方都能接受的解决方案。在集体活动中，儿童能够充分发挥自己的特长和优势，与同伴共同完成任务。一些儿童还展现出了一定的领导能力，能够带领团队取得更好的成绩。

儿童开始对自己的社交角色和地位有更清晰的认识。他们了解自己的性格特点、兴趣爱好和价值观，并努力在社交环境中找到适合自己的位置。他们也开始关注自己在他人心目中的形象和地位，并努力塑造积极的社交形象。通过多元化的社交互动和冲突解决经历，儿童可以形成更加成熟、稳定的个性特点。他们学会了如何适应不同的社交环境、处理不同的人际关系，并展现出自己的独特魅力。在青春期，儿童需要面对更加复杂、多变的社交环境。通过掌握复杂的社交技能和解决冲突的能力，他们可以更好地适应这些环境并融入其中。通过团队合作和领导经历，儿童可以学会如何与他人有效沟通、协商和合作。这些技能对于他们在未来的学习和工作中取得成功至关重要。通过清晰的自我认同和社交定位，儿童可以塑造积极的社交形象并赢得他人的尊重和信任。

家长和教育者可以为儿童提供与不同年龄、不同背景的人交往的机会，如组织夏令营、参加社区活动等。这些经历可以让儿童接触到更广泛的群体和更多的社交场合，有助于他们拓宽社交视野和提升社交能力。当儿童面临社交冲突时，家长和教育者不要急于为他们提供解决方案，而要鼓励他们独立思考、积极沟通并寻求双方都能接受的解决方案。这样可以培养儿童的独立思考能力和解决问题的能力。家长和教育者应为儿童提供参与集体活动的机会，并鼓励他们与同伴合作完成任务。这样可以培养儿童的领导能力，让他们学会如何组织和管理团队活动。这些经历可以锻炼儿童的团队协作能力和领导能力。家长和教育者应鼓励儿童对自己的社交行为和表现进行反思和总结，了解自己的优点和不足，并思考如何改进自己的社交技能。这有助于儿童形成清晰的自我认同和社交定位。

家长和教育者通过提供多元化的社交环境、鼓励儿童独立解决冲突、培养团队合作与领导能力以及引导儿童进行自我反思等方式，可以促进儿童社交技能的发展并为他们的全面成长奠定坚实的基础。

三、影响儿童社交技能发展的因素

外向的儿童通常更容易与人交往，建立友谊，并能迅速适应新环境。他们往往乐于参与社交活动，从而有更多的机会锻炼和提升社交技能。内向的儿童可能较为害羞，不善于直接表达自己的想法和情感。他们可能需要更多的时间和机会来逐渐克服害羞，建立自信心。内向的儿童在社交技能的发展上可能需要额外的支持和引导。儿童的情绪稳定性对其社交能力有重要影响。情绪稳定的儿童更容易控制自己的情绪，避免因情绪波动而影响人际关系。他们通常能够更冷静地处理社交冲突，从而维护良好的人际关系。相反，情绪不稳定的儿童可能在社交场合表现出冲动或不适宜的行为，影响与他人的互动。自信的儿童在社交场合往往表现得更加自如，他们敢于表达自己的观点，更容易获得他人的认可和支持。自信心是建立良好社交关系的重要基础。缺乏自信的儿童可能在社交中表现得犹豫不决或退缩，这可能会限制他们社交技能的发展。

儿童的认知能力，如注意力、记忆力和推理能力等，也影响着他们的社交技能。认知能力强的儿童能够更好地理解和回应他人的情感和需求，从而在社交中表现出更高的敏锐度和适应性。儿童过去的社交经验，无论是积极的还是消极的，都会影响他们当前的社交行为。积极的社交经验能够增强儿童的社交自信和能力，而消极的社交经验可能导致儿童对社交产生恐惧或回避行为。

一个温暖、和谐的家庭氛围有助于儿童形成良好的社交能力。在这样的环境中，家庭成员之间彼此尊重、关爱，儿童能够学会如何与他人建立积极关系。相反，冷漠或矛盾的家庭氛围可能导致儿童出现社交障碍或人际交往困难。父母与孩子的交往方式会对孩子的社交能力产生深远影响。如果父母能够与孩子建立良好的沟通，尊重孩子的想法和感受，并引导孩子处理人际关系的问题，那么孩子就有可能在模仿和学习过程中逐渐形成良好的社交能力。相反，如果父母过于严厉或冷漠，孩子可能会产生社交焦虑和人际交往困难。亲子关系的稳定性和亲密性对儿童社交技能的发展至关重要。在幼儿时期，亲子关系对幼儿合作能力、沟通能力和解决冲突能力的培养起着决定性作用。一个充满爱与支持的家庭环境能够提高幼儿的自尊心和自信心，使他们更愿意与他人交流和合作。父母的教育方式和态度也是影响儿童社交技能的重要因素。温和、支持性和参与性的教育方式能够增强儿童的自信心和自我控制能力，从而培养他们的社交技能。相反，溺爱、过分苛刻或严厉的惩罚都可能对儿童的社交能力产生不利影响。

作为影响儿童社交关系的重要因素，学校环境对儿童社交行为产生着深远的影响。在学校这一场所，儿童接触不同的社交情境，教学氛围、师生关系及课堂互动等方面都可能影响儿童社交关系的建立和发展。深入研究学校环境对儿童社交关系的影响机制，有助于为学校提供更有针对性的干预策略，从而促进儿童社交技能的全面提升。在学校的教学氛围中，儿童接触各种学科知识，也与老师、同学之间互动。教学氛围积极与否直接关系到儿童对学校社交环境的态度和情感体验。一个鼓励合作、尊重多样性的教学氛围有助于培养儿童的合作精神和社交技能。师生关系是学校环境中影响儿童社交关系的重要因素，教师的支持与鼓励、对儿童的关怀及对冲突的处理方式，对儿童社交技能的培养有直接的影响。积极的师生关系可以为儿童提供安全感，帮助儿童更好地融入学校社交系统。课堂互动也是学校环境中影响儿童社交关系的重要方面。在课堂上，儿童有机会与同学互动、合作，共同解决问题。课堂互动的积极性与多样性直接关系到儿童社交技能的培养。促进儿童间的有效互动，鼓励表达和分享，有助于培养儿童的沟通和合作能力。

不同社会文化背景下，人们对于社交行为、人际关系和礼貌礼仪的看法和期望存在差异。这些社会价值观念会深刻影响儿童的社交技能发展。在一些文化中，尊重长辈、注重集体和谐会促使儿童更早地学会如何与不同年龄层的人交往，并注重维护团队或社区的和谐。现代社交媒体和网络环境正在成为儿童社交生活的一部分。网络上充斥着各种信息和观点，儿童经验不足、判断力不够成熟，可能更容易受到网络舆论、网络霸凌的影响。社会文化中的网络环境给儿童社交技能的发展带来了新的挑战和机遇。社区提供的资源和支持体系对儿童社交技能的发展也起着重要作用。一些社区会组织各种社交活动，如亲子活动、团队运动等，这些活动为儿童提供了与他人互动的机会，有助于培养他们的团队协作能力、沟通技巧和解决问题的能力。在多元文化的社会中，儿童可能需要学会与来自不同文化背景的人交往。这种跨文化的社交经验有助于儿童培养更加开放和包容的心态，提高他们的社交适应能力。文化差异也可能带来沟通障碍和误解，需要儿童具备跨文化沟通和理解的能力。

第二节　促进儿童社交技能发展的方法与途径

在当今社会，儿童社交技能的发展已成为教育领域和家长们共同关注的焦点。随着社会的快速发展和竞争的日益激烈，良好的社交技能不仅能够帮助儿童建立健康的人际关系，还能促进其自信心、合作能力和创新思维的提升。深入了解儿童社交技能的发展规律，探索有效的促进方法和途径，对于儿童的全面成长具有重要意义。在儿童的成长过程中，社交技能的发展是一个复杂而漫长的过程。从婴儿期的简单互动到幼儿期的同伴游戏，再到学龄期的集体生活，儿童的社交技能在不断地发展和完善。由于个体差异、家庭环境、教育方式等多种因素的影响，儿童在社交技能发展上存在着不同程度的差异。我们需要根据儿童的实际情况，采取有针对性的方法和途径，促进其社交技能的发展。本节将从家庭教育、学校教育、社区与社会的支持以及家校社三方联动等方面介绍一些有效的促进方法和途径。

一、家庭教育在社交技能培养中的作用

（一）家庭氛围与儿童社交技能

家庭氛围的和谐与否直接影响到儿童的社交态度和行为。在一个充满爱与支持、和谐融洽的家庭环境中，儿童会感受到安全和自由，从而更愿意与他人进行交流和互动。这种积极的社交体验有助于儿童形成开放、友善的社交态度，并乐于分享和合作。相反，如果家庭氛围紧张、冷漠或充满冲突，儿童可能会感到不安和焦虑，对社交产生恐惧或抵触情绪，从而影响其社交技能的发展。家庭氛围还会影响儿童社交技能的具体展现。在和谐的家庭环境中，父母通常会给予儿童积极的反馈和引导，鼓励他们尝试与他人建立联系、分享感受、解决问题等。这种积极的互动方式有助于儿童学习并掌握有效的社交技巧，如倾听、表达、协商等。父母还会通过自身的言行举止为儿童树立榜样，让儿童在模仿中学习如何与他人建立良好的关系。如果家庭氛围不良，父母可能会忽视或否定儿童的社交需求，甚至采取惩罚或批评的方式对待儿童的社交

行为。这种消极的互动方式不仅无法促进儿童社交技能的发展，还可能使其产生挫败感和自卑感，进一步抑制其社交技能的表现。

（二）家长行为与儿童模仿学习

儿童家庭教育中存在着物质生活与精神世界没有相互契合的问题，部分家长过分注重儿童的物质给养，而忽视儿童在精神价值上的合理诉求。家长对学前儿童行为模仿的影响无处不在，并且无时无刻不作用于儿童对世界的认识，对家长行为的模仿恰恰是学前儿童学习和教育的开端，儿童对家长行为内容与行为意义的传递，并不具备完整的判断和选择能力，这在儿童模仿和构建认知的维度上具有不良的教育影响，家长对儿童的爱无可厚非，但溺爱是对儿童人格的最大辱没。

众所周知，学校教育对儿童成长起着主导作用，但并不意味着学校教育等同于家庭教育，一部分家长总是用各种各样的理由，将家长主体排除于家长对儿童教育的责任之外，把物质满足当作关心、当作教育。事实上，无论学校教育还是家庭教育，它都承载着儿童形成独特个性，并逐步社会化的使命。儿童在长期的溺爱环境中，容易形成歪曲的认知与行为表现。儿童如果长期处于单纯性的物质满足环境和溺爱的家庭教育氛围中，容易养成以自身为中心的习惯，不断要求家长对他们报以十分的热忱与厚爱。此外，被溺爱的儿童通常具有娇气、遭受不得委屈与挫折的特点，在对待生活、秩序、道德、价值观等方面也具有一定的局限性，行为举动几乎不考虑他者的感受，不善于把握分寸、不计较后果与代价，随意将自身的意志强加给别人。

家庭是社会元素间的凝结，是由人的血缘亲情所缔结的小组织，是社会组织构成的最小单位。社会组织是家庭组织的深化与扩张，而家庭组织又是社会组织构成的基础力量，学前儿童家庭组织内部环境氛围与成员间的关系，突出体现了学前儿童家庭特有的教育方式与文化价值观念。家庭组织成员间的语言、行为、情感诸方面外显与内敛的符号特征，在彼此间传播与习染，并走向相似的过程，是外界识别家庭组织的重要标志，亦可看作是“家风”。儿童的显著特征之一是其不具备较好的思维辨识能力与自控能力。家长满足儿童无理要求的教育方式存在缺陷，儿童对家长的行为不具备完整判断和选择的能力，对家长行为的模仿也未能区分意义悉数尽收，这对处于人格塑造早期的儿童尤为不利。家庭教育是儿童最早接受且最原生的教育，家庭教育对学前儿童有着其他教育不可替代的作用。家长应本着知书明理、宽严相济的方式去引导儿童成长，儿童是家庭文化基础与延续的重要一环，儿童以家庭为中心向外延伸，去探索外面的世界，无论是与他者发生交集，还是与他物产生关系都是儿童与社会建立联系的过程。学前儿童作为社会个体，不可能脱离社会环境而独立存在，其需要经历漫长的社会化过程，即从一个“生物人”向一个“社会人”转变的过程。儿童需要在家庭中逐步学习社会文化、规范行为等，以便能更好地适应未来生活。学前儿童规则能力的树立，能够促进儿童在模仿家长行为中完善他们的人格，从而在良好规则中顺应社会生活。学前儿童对秩序的模仿不能仅限于思想与行为上的提升，对时间与空间的合理利用本身也是秩序观中的一部分，学前儿童家长应在日常生活中对其在时间与空间上的效度进行“规整”，并使之形成规则意识。儿童要在模仿中不断练习，使自己适应与时间的正确关系，既不要停留在时间要求的后面，也不要不耐烦地想赶到时间要求的前面去。空间层面，儿童居住的房间是其生活的最基本空间，受年龄因素的影响，儿童动手能力方面的准备不足，单纯依靠儿童将房间有条理的归置，对儿童自身具有一定的难度。因此，儿童房间在不借助家长等帮助的前提下，经常是物品杂乱无章地随意摆放。家长在对儿童空间观念的构建上必须加以有条件性的“收拾”，有利于儿童与社会建立稳固关系，达到适应未来发展所应达到的标准。

（三）家庭活动中的社交技能实践

家庭不仅是儿童成长的摇篮，更是他们最初接触社会的窗口。家庭活动为儿童提供了丰富的社交技能实践机会，有助于他们在实际操作中不断磨炼和提升社交能力。家庭活动中的社交技能实践可以从多个方面展开。家庭中的日常互动为儿童提供了基本的社交经验。儿童在与父母、兄弟姐妹的交往中，学会了如何表达自己的想法和感受，如何倾听他人的意见，以及如何处理人际冲突。这些基本的社交技能将为儿童未来的社交发展奠定坚实的基础。家庭中的活动，如生日聚会、家庭游戏夜等，为儿童提供了更加复杂和丰富的社交实践机会。在这些活动中，儿童需要学习如何与他人合作、分享和竞争，如何适应不同的社交场合和规则。这些实践经验将有助于儿童在真实的社会环境中更加从容地应对各种社交挑战。家庭中的角色扮演游戏也是培养儿童社交技能的有效方式。通过扮演不同的角色，儿童可以体验到不同人物的情感和思维方式，从而更加深入地理解他人的需求和感受。这种理解将帮助儿童在与人交往的过程中更加体贴和包容，提高他们的人际交往能力。儿童在家庭活动中实践社交技能，在这个过程中，家长的作用至关重要。家长需要为儿童创造一个积极、健康、和谐的社交环境，引导他们积极参与各种社交活动，鼓励他们勇于表达自己的想法和感受，培养他们的同理心和合作精神。家长还需要关注儿童在社交实践中的表现，及时给予正确的反馈和指导，帮助他们不断改进和提高自己的社交能力。

家长对儿童的爱是每个家长的本能性反应，但是无节制、无限度、过分的爱，会严重阻碍儿童的未来发展与儿童潜能的激发，不利于儿童形成健康、正确的道德、秩序意识；不利于儿童形成积极、正向的竞争观、挫折观；不利于儿童形成良性、互动的社会交往模式。作为家长应有家长的样子，其一言一行无不渗透着教育影响，学前儿童对家长行为的模仿，有些行为表现是显性习得的可以被观察、被发现，而有些变化则具有隐性的特征，家长看不见也摸不到，具有隐匿性。因此，家长对学前儿童教育的每一个环节都不能掉以轻心，家长行为示范要尺规有度，让儿童在意义范围内，有规则、有秩序、有道德地进行模仿。这关乎儿童独立人格的塑造及在未来社会中的角色转型，必须把握好家长对儿童的教育行为示范，不要凡事都借“爱”的名义去溺爱儿童，溺爱是把儿童推向危机悬崖的推手。作为家长应多给予儿童独立生长的空间，加强对儿童的正面引导，以身作则，培养儿童健康的心态及各项生活基本技能，使儿童能自由地翱翔在广阔天空。

二、学校教育在社交技能培养中的角色

（一）课程设置与社交技能教育

学校是落实立德树人根本任务、实施素质教育的主阵地，教师是促进儿童身心健康发展的主力军。因此，在提升儿童情绪管理与人际交往能力的过程中，学校教育依然是协同育人的核心环节，也是家庭育人与社会育人得以真正发挥作用的前提和基础。学校应积极构建提升儿童情绪管理与社交能力的支持

系统，依托儿童在校期间的课程和活动两大环节，相互配合，彼此促进。

构建情绪管理与人际交往课程体系。心理健康教育是学校育人工作的一个重要方面，学校构建了包括以常规心理课为基础的启航课程，以心理主题班会课为强化的领航课程和以个性辅导课为进阶的自航课程。常规心理课是面向全体儿童开设的普适性课程，重点是向儿童传授提升情绪管理能力与人际交往的一些知识和技能。常规心理课的意义重在预防，通过课堂传授给儿童一定的方法，便于其在未来遇到情绪或交往问题时能够主动及时进行自我调节。心理主题班会课区别于普通班会课，它的设计融入了心理教育的理念，形式上也更加丰富多样，包括团体辅导活动、角色扮演、心理剧等。心理主题班会课的整体设计可以借鉴心理课或心理团体辅导活动的一般步骤进行，包括热身活动（导入主题），1~2个围绕主题的主题活动，儿童分享与教师总结几个部分。相较于面向全体儿童的心理课，心理主题班会课更有针对性和聚焦性。班主任可以针对班级儿童的突出问题进行定制化设计，一节心理主题班会课面向班级全体儿童，可以做到全员教育和引导，达到效果的最优化。个性辅导课则是针对少数儿童开展，形式可以分为小团体辅导课和一对一辅导课。教师聚焦某一个情绪问题，从寻找原因、制订目标计划到分步骤实施，对儿童进行系统引导。

教师技能提升培训。教师情绪管理能力的培养不同于一般的学科教学，在心理教师和心理课程之外，还需要每一位教师在日常教育教学过程中不断强化培养。为此，学校专门围绕儿童情绪管理能力培养这一主题，建立专家引领、专兼职心理教师支撑、全体教师共同参与的教师队伍，并针对不同教师角色身份开展专题系列培训。

（二）师生互动与儿童社交体验

有效的师生互动不是单向的教育和灌输，而是一种相互合作和积极互动的关系。师生互动可以提高儿童的社交能力。通过与教师的互动，儿童可以学习如何与他人进行有效的沟通和合作，培养自己的人际交往能力。教师可以通过组织各种社交活动，如小组讨论、角色扮演等，为儿童提供与同龄人交流的机会，让他们在实践中学习和提升社交技能。师生互动有助于促进儿童的情绪管理和自我控制能力的发展。在与教师的互动中，儿童可以学会如何处理自己的情绪，如何控制自己的行为，以更好地适应社交环境。教师的引导和支持对于儿童情绪管理和自我控制能力的培养至关重要。师生互动还有助于提高儿童的自信心和自尊心。在与教师的互动中，儿童可以感受到教师的关爱和尊重，从而增强自己的自信心。教师通过积极的评价和鼓励，可以增强儿童的自尊心，使他们更加积极主动地参与社交活动。教师需要创造积极的学习环境，为儿童提供多样化的学习机会和资源。教师可以通过启发式教学的方法，激发儿童的思考和探索能力，让他们在互动中学习和成长。教师还需要关注儿童的个体差异，尊重他们的兴趣和需求，为他们提供个性化的指导和支持。

（三）同伴交往与社交技能实践

在与同龄人的互动中，儿童学习如何理解他人、表达自己、建立友谊、解决冲突等。这种交往过程不仅有助于儿童形成健全的人格，还能培养他们的合作精神和团队意识。学校通过组织各种班级活动、课外活动、兴趣小组等，为儿童提供与同龄人交往的机会。这些活动可以让儿童在轻松愉快的氛围中相互了解、交流思想、分享经验。学校注重班级氛围的营造，提倡尊重、友爱、互助的交往原则。教师会引导儿童树立正确的交往观念，鼓励他们主动与同伴交流、合作。学校通过专门的课程和活动，教授儿童社交技巧。教师可以组织角色扮演游戏，让儿童在模拟情境中学习如何与人交往、如何处理冲突等。教师还会关注儿童的交往行为，及时给予指导和建议。

儿童在同伴交往中不断实践社交技能，通过观察、模仿、实践等方式逐渐掌握社交技巧。在与同伴合作完成任务的过程中，儿童可以学习如何分工、如何协调、如何沟通等。儿童在同伴交往中不断得到反馈和建议，从而不断调整自己的社交行为。教师可以通过观察、询问、指导等方式了解儿童的交往情况，给予他们及时的反馈和建议。儿童也可以从同伴的反馈中了解自己的不足之处，进而进行改进。

（四）学校为家庭提供全方位支持

作为孩子的第一任老师，父母的言谈举止、习惯态度等对孩子的身心发展都有着重要的影响，因此学校十分重视家庭教育的作用，针对当前家长自身的困惑及家庭教育中出现的问题，设置了完善的家长课程，为家庭育人功能的发挥做好保障和支持。

家长课程从普适性家庭教育的理论培训，到个性化家庭问诊指导，打造了层递式的丰富课程群。从形式上看，家长课程可以分为两大类：一类是必修课，即每个家庭至少有一位代表需要参与的课程，旨在将学校的育人理念和培养方向与家庭实时同步，使双方做到贯通配合；另一类是选修课，考虑到每个家庭有各自的特点和需求，学校会围绕情绪管理和人际交往两大板块提供尽可能丰富和全面的小课程，家长可以根据孩子的实际情况和自身的需求进行学习。

从内容上看，家长课程分为三大板块：理论培训、实践指导和个性问诊。理论培训的目的是提升家长自身的情绪管理及交往能力，并使其掌握一定的家庭教育知识，主要形式有专家专题讲座、读书沙龙等。实践指导则是创造情境和机会，通过家校互动的方式将学校的育人理念传递给家长，在主题班队会、家长会等活动中融入亲子互动内容，使家长通过亲身实践掌握必要的技能与方法。个性问诊是针对部分在家庭教育中存在突出问题的家长，通过专家一对一地追踪调研和指导，帮助其发现问题、寻找方向，并尝试改变。

三、社区与社会的支持

（一）社区活动与儿童社交机会

社区活动多种多样，包括环保活动、义务清理、体育俱乐部、社区读书会、科技创新团队等。这些活动不仅丰富了儿童的课余生活，更为他们提供了与不同年龄、不同背景的人交往的机会。通过参与这些活动，儿童可以接触到更广泛的社会群体，从而拓展他们的社交圈子。

在社区活动中，儿童需要与其他儿童和成人互动，这有助于他们培养良好的人际交往能力。通过与他人的交流，儿童可以学会如何主动与人搭话、倾听他人的意见以及尊重他人的观点。这些活动还促进了儿童的集体意识，培养了他们在团队中的沟通和协作技能。社区活动为儿童提供了展示自我的平台。他们需要表达自己的观点和想法，这有助于他们提高表达能力。在社区演讲比赛中，儿童需要准备演讲稿并在大家面前表达出来，这种经历可以帮助他们克服害羞，培养他们的自信心和口头表达能力。通过参与社区活动，儿童可以与其他孩子和成年人互动，从而增强他们的社交能力。在与不同人的交往过程中，儿童可以学会尊重他人、倾听别人、合作和分享等社交技能。这些技能在日后的生活和工作中都非常重要。

社区应组织多种类型的活动，以满足不同年龄段、不同兴趣爱好的儿童的需求。这样可以吸引更多的儿童参与，提高他们的社交积极性。在组织社区活动时，应注重安全教育，确保儿童的安全。在户外活动中，应提醒儿童注意交通安全、防范意外伤害等。鼓励家长参与，家长是儿童成长的重要伙伴，他们的参与对儿童的社交技能发展具有重要意义。社区应鼓励家长积极参与社区活动，与儿童共同学习和成长。

（二）社会资源与儿童社交技能培训

学校作为教育资源的主要提供者，可以通过课程设置、教学活动等方式，系统地培养儿童的社交技能。文化资源：图书馆、博物馆、文化宫等文化场所，为儿童提供了丰富的文化资源和社交机会。通过参加这些场所的活动，儿童可以接触到不同的文化和人群，拓宽视野，提高社交能力。体育资源：体育俱乐部、运动场馆等体育资源，为儿童提供了锻炼身体和培养团队合作精神的场所。通过参与体育活动，儿童可以学会与他人合作、竞争和分享，培养积极向上的社交态度。

社会资源具有多样性，能够满足不同儿童的需求和兴趣。无论是教育、文化还是体育资源，都能为儿童提供丰富的社交机会和实践经验。社会资源提供的活动往往具有实践性，儿童可以通过亲身参与来学习和掌握社交技能。这种实践性的学习方式比单纯的课堂教学更加生动、有趣，也更容易让儿童接受和掌握。社会资源提供的活动往往具有互动性，儿童可以与其他儿童和成人互动、交流。这种互动的学习方式有助于培养儿童的沟通能力和合作精神，提高他们的社交能力。

家长应关注社会资源的动态，引导孩子参与适合他们的活动。通过参与这些活动，孩子可以接触到不同的文化和人群，拓宽视野，提高社交能力。

（三）社会文化对儿童社交技能的影响

社会文化中的价值观念是儿童社交技能发展的基础。这些价值观念包括尊重他人、友善待人、诚实守信等，它们为儿童提供了社交行为的准则。在成长过程中，儿童通过观察、模仿和学习，逐渐将这些价值观念内化为自己的行为准则，形成积极的社交态度和行为习惯。

传统习俗是社会文化的重要组成部分，它们不仅反映了社会的历史和文化，还对儿童的社交技能产生重要影响。通过体验传统习俗，儿童可以学习到如何与他人相处、如何表达情感、如何尊重他人等社交技能。传统习俗中的仪式感和规范性也有助于培养儿童的纪律性和责任感，提高他们的社交能力。社会文化中的行为规范对儿童的社交行为具有约束作用。这些行为规范包括礼貌用语、行为举止、待人接物等方面，它们为儿童提供了明确的社交行为标准。在成长过程中，儿童需要遵守这些行为规范，以建立良好的社交关系和形象。行为规范的约束也有助于培养儿童的自我约束能力，提高他们的社交素质。

随着全球化的加速，儿童在成长过程中需要面对来自不同文化背景的人群。社会文化中的文化差异会对儿童的社交技能产生影响。为了适应不同文化背景的人群，儿童需要学会尊重他人的文化习俗和价值观念，增强跨文化交际能力。这不仅有助于拓宽儿童的社交圈子，还有助于培养他们的全球视野和包容心态。积极向上的社会氛围和文化环境，可以激发儿童的社交兴趣和积极性。社会文化中的优秀传统和先进理念也可以为儿童提供正确的社交导向和榜样。此外，社会文化还可以通过各种渠道为儿童提供社交技能培训和指导，帮助他们更好地掌握社交技能。

四、家校社三方联动

在教育不断变革的大背景之下，国家大力推动学校、家庭和社会协同育人。2018年9月10日，习近平总书记在全国教育大会上指出：办好教育事业，家庭、学校、政府、社会都有责任。家庭是人生的第一所学校，家长是孩子的第一任老师，要给孩子讲好“人生第一课”，帮助扣好人生第一粒扣子。教育、妇联等部门要统筹协调社会资源支持服务家庭教育。教育部则积极推动家庭教育纳入基本公共服务体系，争取专门经费支持，通过家委会、家长学校、家长课堂、购买服务等形式，形成政府、家庭、学校、社会联动的家庭教育工作体系。因此，学校教育也应当顺应趋势，积极探索家校社共育的协同育人模式。有专家指出，虽然家庭教育、社会协同都对孩子的成长有着不可忽视的作用，但学校依然要成为“家校社联盟”的引领者。因此，围绕儿童情绪管理与社交技能的提升，学校在积极构建家校社协同育人机制，将家庭、学校和社会的育人目标与策略进行划分，打造育人共同体。其中，学校教育重在系统知识和技能的传授，通过建构课程体系实施教育；家庭教育注重技能与日常生活的融合和实践，通过家庭的引导将学校知识融入个人生活，是一种做人教育；社会教育的优势是资源丰富，因此其工作重点在于整合资源、强化教育的效果。基于以上分析，学校将家校社协同育人的策略概括为学校四大特色（课堂教学、心理班会、身边榜样、特色活动）、家庭四大途径（榜样家庭评选、特殊家庭指导、家庭教育联盟、家长参教议教）和社会四大基地（社会组织专业培训、社会场馆公益体验、资源单位社会实践、心理专家进校园），从而更有针对性地开展工作。

第三节　社交技能提升活动与实践

社会交往能力是指个人与个人之间、个人与团体之间以及团体与团体之间，为了满足某种需求或达到某种目的，进行交往活动的能力。健康中国行动推进委员会发布的《健康中国行动（2019—2030年）》中，将心理健康促进行动列为15项重大行动之一，提出到2030年，居民心理健康素养水平提升到30%，失眠、焦虑障碍以及抑郁症的患病率上升趋势减缓。然而，社会交往能力作为心理健康的重要方面，却是最容易忽略的一方面。

一、家庭中的社交技能活动

（一）角色扮演游戏

在角色扮演游戏中，父母和孩子可以共同参与，通过互动增进亲子之间的情感联系。孩子在模拟真实场景的过程中，学习如何与他人沟通、合作、分享和解决问题，通常需要孩子发挥自己的想象力和创造力来创造角色和场景，这有助于培养他们的创造力和想象力。家长根据孩子的兴趣和年龄，选择适合的游戏主题，如家庭生活、学校生活、医生与病人等。根据游戏主题，准备相应的道具，如玩具餐具、医生工具包、玩具警察服等。在游戏开始前，与孩子一起讨论并制定游戏规则，确保每个人都清楚游戏的玩法和目标。根据游戏主题和孩子的意愿，分配不同的角色给孩子。父母也可以参与其中，扮演某个角色来引导游戏进程。在游戏过程中，父母要鼓励孩子积极参与，发挥自己的想象力和创造力来扮演角色。父母也要及时给予反馈和建议，帮助孩子更好地理解和运用社交技能。

在选择游戏主题和分配角色时，家长要尊重孩子的意愿和兴趣，不要强迫孩子接受自己不喜欢的角色或游戏。在游戏过程中，父母要保持耐心和引导，不要过于干涉孩子的游戏进程。同时要及时给予反馈和建议，帮助孩子更好地理解和运用社交技能。角色扮演游戏虽然有益于孩子的社交技能发展，但也要注意游戏时间和频率的控制。不要让孩子沉迷于游戏而忽略其他重要的活动和学习任务。

（二）家庭聚会与分享活动

家庭聚会活动提供了一个自然、亲密的社交环境，让孩子在轻松愉快的氛围中学习社交技能。通过参与家庭聚会，孩子可以接触到不同的家庭成员，包括亲戚、朋友等，从而拓宽他们的社交圈子。家庭聚会也为孩子提供了实践社交技能的机会，比如与他人交流、分享、合作等，家长根据孩子的年龄和兴趣，选择一个合适的聚会主题，如生日派对、节日庆祝等，邀请亲朋好友参加聚会，让孩子有机会与不同年龄段的人交流。根据聚会主题准备食物和装饰品，为聚会增添气氛。

在聚会过程中，家长要确保孩子的安全，避免发生意外事故。尊重每位参加聚会的人的文化背景、兴趣爱好等差异，避免产生不必要的冲突。鼓励孩子积极参与聚会活动，培养他们的主动性和积极性。分享活动是家庭聚会中非常重要的一个环节，它可以培养孩子的分享意识和合作精神。在分享活动中，孩子可以学会将自己的东西与他人分享，体验分享带来的快乐和满足感。鼓励孩子分享自己的玩具、书籍等物品，让他们学会珍惜和分享自己的资源。可以设定一个“分享角”，让孩子将自己愿意分享的物品放在那里，供其他孩子选择和交流。鼓励孩子分享自己的经历、见闻或者故事，让他们学会倾听和尊重他人的经历。可以组织一个“故事会”，让孩子轮流上台分享自己的故事，提高他们的表达能力和自信心。

在聚会结束后，家长可以引导孩子分享自己在聚会中的感受和体验，让他们学会反思和总结自己的社交表现。父母也可以与孩子分享自己在聚会中的感受和观察，给予他们积极的反馈和建议。

（三）家庭规则与责任教育

家庭规则是家庭成员共同遵守的行为准则，它有助于建立家庭的秩序和纪律，为孩子提供一个稳定、和谐的生活环境。通过家庭规则，孩子可以学会如何尊重他人、如何遵守规则、如何与人合作等社交技能。这些技能在孩子的成长过程中至关重要，将影响他们未来的社交关系和职业发展。

责任教育是指通过培养孩子的责任感，让他们学会对自己的行为负责，对家庭和社会负责。责任教育不仅有助于孩子的个人成长，还能提高他们的社交技能和道德水平。当孩子学会承担责任时，他们会更加关注他人的需求和感受，更加尊重他人的权利和利益，从而在社交中表现出更高的素养和品质。

家庭规则应该明确、具体、可行，并且得到全家人的共同认可。家长可以与孩子一起制定家庭规则，让他们参与到规则制定的过程中来，从而增强他们对规则的认同感和遵守意愿。家长也要以身作则，遵守家庭规则，为孩子树立榜样。通过分配家庭任务，让孩子承担一定的家庭责任，培养他们的责任感和独立性。家长可以根据孩子的年龄和能力，分配适合他们的家务任务，如整理房间、洗碗、照顾宠物等。在孩子完成任务的过程中，家长要给予适当的指导和鼓励，帮助他们学会如何承担责任和解决问题。

社会实践是培养孩子社会责任感和公民意识的重要途径。家长可以鼓励孩子参与社区志愿活动、义工活动等，让他们亲身体验社会的多样性和需要改变的问题。通过参与社会实践，孩子可以学会如何与他人合作、如何关注社会问题、如何为社会做出贡献等社交技能。在孩子完成任务或参与社会实践后，家长可以引导他们进行反思和自我评价。让孩子思考自己在完成任务或参与活动中的表现如何，有哪些值得肯定的地方和需要改进的地方。通过反思和自我评价，孩子可以更加深入地了解自己的优点和不足，从而在未来的社交中更加自信和成熟。

家长要尊重孩子的个性和兴趣，不要强迫他们接受自己不愿意承担的任务或责任。要给予孩子适当的自主权，让他们有机会自己决定一些事情，培养他们的自我管理能力。要鼓励孩子表达自己的观点和感受，给予他们足够的支持和关爱，让他们感受到家庭的温暖和信任。

二、学校中的社交技能实践

（一）小组合作任务

在小组合作中，儿童需要学会如何与他人有效沟通，理解并尊重他人的观点，从而培养自己的社交技能。通过共同完成任务，儿童将学会如何与他人协作，如何在团队中发挥个人的作用，以及如何共同解决问题。小组合作任务通常需要儿童分析和讨论问题，提出解决方案，这有助于培养他们的批判性思维和问题解决能力。

教师需要根据儿童的年龄、兴趣和学科特点，设计具有挑战性和合作性的任务。任务应该能够激发儿童的积极性，让他们愿意投入时间和精力去完成。分组是小组合作任务的关键环节。教师可以根据儿童的性格、能力和特长进行分组，确保每个小组的成员都能发挥自己的优势，共同完成任务。教师也可以尝试不同的分组方式，如随机分组、儿童自愿组队等，以锻炼儿童的适应能力和团队协作能力。在小组中，每个儿童都应该承担一定的角色和责任。教师可以根据任务的需要和儿童的特长，为他们分配不同的角色，如组长、记录员、汇报员等。这样可以确保每个儿童都能参与到任务中来，发挥自己的作用。教师需要密切关注儿童的表现，及时给予指导和帮助。教师可以观察儿童的沟通、协商、分工和解决问题的方式，了解他们的社交技能和团队协作能力。教师也需要关注任务的进展情况，确保任务能够按时完成。

完成任务后，每个小组都需要向全班展示他们的成果。教师需要鼓励儿童积极参与小组合作任务，鼓励他们表达自己的观点和想法，提出建设性的意见和建议。在小组合作中，儿童之间的观点和想法可能存在差异。教师需要尊重这些差异，鼓励儿童倾听和理解他人的观点，学会在差异中寻求共识和解决方案。教师需要给予儿童及时的反馈和指导，帮助他们发现问题并改进自己的表现。教师也需要关注儿童的情感状态，给予他们必要的支持和鼓励。

（二）班级管理与领导能力训练

在班级管理的过程中，儿童需要与同学、老师进行频繁的沟通与交流，这有助于他们提升沟通能力、倾听能力、理解能力和解决冲突的能力。通过参与班级管理，儿童将有机会学习如何带领团队、如何制订计划、如何激励他人等领导技能，为未来的职业生涯做好准备。作为班级管理者，儿童需要对自己的行为负责，并关注整个班级的利益。这种责任感将促使他们更加努力地学习和工作。教师在班级中设立班长、学习委员、文体委员等管理岗位，让儿童有机会参与班级管理。这些岗位可以轮换，让每个儿童都有机会锻炼自己的领导能力。

在设立班级管理岗位时，教师应确保公正公平，避免偏袒某些儿童或排斥某些儿童。在班级管理过程中，也应遵循公正公平的原则，确保每个儿童都能得到平等的对待。教师应关注儿童的情感需求，给予他们足够的关心和支持。对于遇到困难或挫折的儿童，应及时给予帮助和鼓励。班级管理不仅是领导者的事情，还需要全体同学的共同努力。因此，在班级管理过程中，教师应注重培养儿童的合作精神，让他们学会相互支持、相互帮助。在班级管理与领导能力训练的过程中，教师应鼓励儿童自主管理班级事务。这不仅可以锻炼儿童的领导能力，还可以培养他们的责任感和自主意识。

（三）冲突解决策略与沟通技能课程

沟通技能课程使儿童了解冲突的本质和产生原因，认识到冲突是人际交往中不可避免的一部分。培养儿童识别和理解冲突的能力，帮助他们从多个角度审视问题。教授儿童有效的沟通技巧，包括倾听、表达、反馈等，以便在冲突中更好地与他人沟通。引导儿童学习并掌握多种冲突解决策略，如协商、妥协、调解等，以便在实际情境中灵活运用。

教师介绍冲突的定义、类型、产生原因及其对人际关系的影响，帮助儿童建立正确的冲突观念。教授儿童倾听技巧、表达技巧、非语言沟通技巧等，提高他们在冲突中的沟通能力。介绍协商、妥协、调解等多种冲突解决策略，并通过案例分析、角色扮演等方式让儿童体验和实践这些策略。引导儿童学习如何识别、表达和处理自己的情绪，以及如何理解和应对他人的情绪，以避免情绪冲突的发生。

教师通过分析真实的冲突案例，让儿童了解冲突解决的实际操作过程，培养他们的分析能力和解决问题的能力。让儿童在模拟的冲突情境中扮演不同的角色，体验和实践冲突解决的过程，提高他们的实际操作能力。组织儿童进行小组讨论，让他们分享彼此的经验和看法，促进他们之间的交流和合作。通过设计一些有趣的互动游戏，让儿童在轻松愉快的氛围中学习冲突解决策略和沟通技能。

通过冲突解决与沟通技能课程的学习，儿童将能够更好地理解和应对冲突，减少冲突对人际关系的不良影响。提高自己的沟通能力和人际交往能力，与他人建立更加和谐的关系。掌握多种冲突解决策略，并能够在实际情境中灵活运用这些策略来解决问题。增强自己的情绪管理能力，更好地处理自己和他人的情绪问题。

第五章　儿童自我认知与自尊培养

在儿童的成长道路上，自我认知和自尊培养是两大不可或缺的基石。它们不仅影响着儿童当前的行为模式和心理状态，更是决定其未来人生轨迹的关键。深入探索儿童自我认知与自尊培养的机制，对于每一位关心儿童成长的家长、教育工作者以及社会大众来说，都具有极其重要的意义。本章将介绍儿童自我认知的发展特点，探讨提升儿童自尊心的策略与方法，并设计有针对性的活动，帮助儿童提升自我认知与自尊。本章的研究将帮助家长和教育工作者更好地理解儿童的内心世界，为他们的健康成长提供有益的指导和支持。

第一节　儿童自我认知的发展特点

儿童自我认知的发展是一个复杂而微妙的过程，它涉及儿童对自己身体、能力、情绪、价值观等多方面的认识和理解。这一过程的顺利进行对于儿童的健康成长具有至关重要的意义。本节将深入探讨儿童自我认知的发展特点，以期帮助家长和教育工作者更好地理解儿童的内心世界，为他们提供更有针对性的支持和引导。

一、自我认知的概念界定

（一）自我认知的定义

美国心理学家威廉·詹姆斯认为自我认知包括物质自我、社会自我和精神自我。物质自我主要指的是自我的血肉之躯，由身体、生理、仪表等要素组成；社会自我主要指人生活在社会中所拥有的人际关系、名誉、处境以及别人的评价等，也包括自我在群体中所发挥的价值和作用；精神自我主要指对自己的性格、能力、气质和道德标准等的认识。

张春兴教授认为“自我认知是个体认知自己的兴趣、爱好、性格、欲望等各个方面”。黄希庭教授认为“自我认知是一个多维度、多层次、结构性、评价性的综合体，能够区分开他人的评价”。张元教授认为“主体的自我认知活动是主体自我对作为具有价值客体属性的主体自我的认知和评价等活动”。

总体来讲，自我认知（self-cognition）也称为自我意识，指的是主体自我在社会实践中对自己从生理、心智、情感、意志、天赋、志向以及所处的环境等方面进行的观察和评价活动，包括自我观察、自我感知、自我领悟、自我评价等。进行自我认知是为了更好地发挥主观能动性，让自己主动地去认识到自身的缺陷和不足，也能够清晰地了解自己的长处和优点，对自己有一个合理的定位，让自己的心智更加成熟，心理更加健康，从而更有利于融入社会，促进自然和谐。

儿童通过自我观察，能够逐渐认识到自己的身体特征、行为模式、情绪反应等，从而形成对自己的基本认识。自我评价是指对自己的想法、期望、行为及人格特征的判断与评估。儿童在自我评价的过程中，会根据自己的经验、他人的反馈以及社会标准等，对自己进行价值判断，从而建立自我概念，形成自我认同感。

在儿童的成长过程中，自我认知的发展是一个逐步深化的过程。从最初的依赖外界反馈来认知自己，逐渐转变为依赖内部反馈来认知自己；从只能认知自己的外貌、身体器官等具体方面，逐渐转变为能够认知自己的思维、情感、价值观等抽象方面；从只能认知自己的某一个方面，逐渐转变为能够认知自己的多个方面。这种由外部到内部、由具体到抽象、由单一到多维的转变，是儿童自我认知发展的重要特点。

（二）自我认知的构成要素

自我认知是个体意识到的自己存在的意识状态。对于儿童来说，自我认知的初步形成可能始于他们意识到镜子中的影像是自己的时候。随着年龄的增长，儿童的自我认知不断发展，他们开始更加清晰地认识自己，包括自己的身体、能力、情感等。

自我评价是指儿童对自己的态度和看法。这些看法可能来源于他们过去的经验，也可能受到他人评价的影响。自我评价是儿童自我认知的重要组成部分，它影响着儿童的自尊、自信、自爱等心理品质。儿童在自我评价的过程中，会逐渐了解自己的优势和劣势，从而调整自己的行为和情感。自我知识是指儿童对自身的了解。这种了解包括他们的兴趣、爱好、价值观、能力、弱点等。随着年龄的增长，儿童会不断地丰富和深化自己的自我知识，这有助于他们更好地理解自己，做出更合适的决策。自我调节是指儿童根据自己的目标、价值观和信念来调节自己的思考、情感和行为。对于儿童来说，自我调节是一个逐步发展的过程。他们需要在不断的实践中学习如何控制自己的情绪和行为，以适应不同的环境和情境。

儿童的自我认知也会受到遗传、环境、教育等多种因素的影响。家长和教育工作者应该关注儿童的自我认知发展，为他们提供支持和指导，帮助他们建立积极的自我认知。

（三）儿童自我认知的形成过程

儿童自我认知的发展并非一蹴而就，而是呈现出明显的阶段性特点。从婴儿期开始，儿童通过镜像反射、他人反馈等方式逐渐形成对自己的初步认识。随着年龄的增长，儿童的自我认知逐渐丰富和深化，开始能够更加全面地认识自己的各个方面。在这一过程中，儿童不仅学会了如何认识自己的身体和能力，还逐渐形成了自己的价值观和情感体验。

生理自我阶段：从出生到婴儿期，儿童主要通过感官和运动体验来建立自我认知。他们通过吮吸、摸索等行为来探索周围环境，建立基本的身体意识。在这个阶段，儿童能够认识到自己的身体器官和生理功能，但对自己的心理和社会属性还没有明确的认知。社会自我阶段：进入幼儿期后，儿童开始接触家庭、学校等社会环境，并逐渐形成了对自我和他人的认知和评价。他们开始明确自己的角色和位置，理解自己在社会中的关系和责任。在这个阶段，儿童开始意识到自己是一个独立的个体，有着与他人不同的特点和价值观。心理自我阶段：在儿童时期，个体开始独立思考和反省自己的价值观、兴趣爱好等方面的问题，逐渐形成更加复杂的心理自我。他们开始关注自我内部的情感和体验，思考自我与外界关系的本质。在这个阶段，儿童的自我认同感不断增强，他们开始更加关注自己的内心世界和个性特征。需要注意的是，这三个阶段之间并没有明确的分界线，而是相互交错、相互渗透的。儿童自我认知的形成过程还受到多种因素的影响，包括遗传因素、环境因素和教育因素等。

在整个自我认知的形成过程中，儿童会不断地通过自我观察、自我评价和自我调节等方式来深化对自己的认识和理解。他们会在实践中不断地尝试和探索，从而逐渐建立起一个全面而深入的自我认知体系。这个体系将影响儿童的自我认同、自尊和自信等心理品质的发展，对他们的未来成长和发展具有重要的意义。

（四）自我认知与儿童发展的关系

从外部到内部的转变，儿童最初依赖外界的反馈来认知自己，随着成长，逐渐转变为依赖内部的反馈来认知自己。从具体到抽象的转变，儿童从最初只能认知自己的外貌、身体器官等具体方面，逐渐发展为能够认知自己的思维、情感、价值观等抽象方面。从单一到多维的转变，儿童从最初只能认知自己的某一个方面，逐渐转变为能够认知自己的多个方面，如身体、情感、思维等。

自我认知能够帮助儿童理解自己的情感和情绪，理解自己的情感表达方式，并将其转化为积极的行为方式。自我认知可以帮助儿童理解自己对他人的影响，了解自己在人际交往中的状态，并提高自己的沟通和合作能力。自我认知可以让儿童更好地了解自己在学习过程中的强项和弱项，以及如何更好地应对学习挑战。

（五）儿童自我认知的个体差异

儿童自我认知的个体差异是指在儿童发展过程中，每个儿童在自我认知方面所展现出的不同特点和发展水平。这些差异可能源于儿童的遗传背景、家庭环境、教育经历等多种因素。每个儿童在自我认知的起点上就存在着差异，有些儿童天生对自己的身体和情感有更清晰的认识，能够较早地意识到自己的特点、能力和价值观，而有些儿童可能需要更长时间来形成这些认识。儿童在自我认知的发展速度上也可能存在差异。一些儿童可能很快就能够理解和表达自己的内心世界，而另一些儿童则可能需要更长的时间来逐渐发展自我认知。儿童在自我认知的深度和广度上也存在着差异。一些儿童可能能够对自己的内心世界有深刻的理解和认识，包括自己的情感、价值观、个性特点等；而另一些儿童可能只停留在表面的认识上，无法深入探索自己的内心世界。针对这些个体差异，家长和教育者需要采取不同的策略来培养儿童的自我认知能力。要尊重每个儿童的独特性和发展节奏，不要过分比较和强求一致。要为儿童提供丰富的学习资源和机会，鼓励他们主动参与学习活动，逐渐认识到自己的优势和潜力。也要关注儿童的情感需求，给予他们足够的关爱和支持，帮助他们建立积极的自我认知。

（六）儿童自我认知的培养意义

通过自我认知，儿童能够更深入地了解自己的优点、缺点、兴趣、价值观等，这有助于他们更准确地定位自己，明确自己的发展方向，进而制订出更合适的学习和生活计划。自我认知能够帮助儿童更好地理解和表达自己的情感，也能够使他们学会控制和管理自己的情绪，提高情绪调节能力，减少情绪问题对学习和生活的影响。当儿童通过自我认知了解到自己的优点和潜力时，他们会更加自信，对自己的评价也会更加积极。这种自信心和自尊心将激励他们更加努力地学习和成长，使他们面对挑战时也更加有勇气和决心。自我认知能够帮助儿童更好地理解自己的性格特点、兴趣爱好等，从而在与他人交往时更加得心应手。他们能够更好地理解他人的需求和感受，增强与他人的沟通能力，建立良好的人际关系。通过自我认知的培养，儿童能够更好地规划自己的未来，制定出更加明确和可行的目标，为实现这些目标付出更多的努力。

二、儿童自我认知的阶段性发展

（一）婴儿期：镜像自我认知

婴儿通常对镜子中的形象没有特别的反应，他们可能只是被镜子这个新奇的物体所吸引，或者对镜子中的形象感到困惑。随着婴儿的成长，他们开始能够识别出自己身体的一部分，比如手、脚等。当他们在镜子中看到自己的这些部分时，可能会尝试去触摸或抓握，但此时他们并没有意识到镜子中的形象是他们自己。在大约18个月时，婴儿开始逐渐意识到镜子中的形象是他们自己。他们可能会对着镜子做各种表情或动作，并观察镜子中的自己做出相应的反应。这表明他们已经能够理解镜像和自己之间的关联。随着婴儿年龄的增长，他们开始理解自己身份的连续性。即使他们暂时看不到自己，也知道自己是存在的。这种理解帮助婴儿建立了一种内在的稳定感，使他们能够更好地适应外部世界。通过镜像自我认知，婴儿开始逐渐认识到自己是一个独立的个体，而不是与外部世界混淆不清的一部分，为其后续的自我认知发展奠定了基础。

（二）学龄前期：初步社会比较

在学龄前期，儿童的自我认知发展进入了初步社会比较阶段。这一阶段的儿童开始更深入地探索自己与他人的关系，通过社会比较来形成和巩固自我认知。学龄前期的儿童开始注意到自己与他人的相似之处和不同之处，并尝试将自己与他人进行比较。他们可能会询问父母或老师，自己与其他小朋友在某些方面是否相似或不同，以此来建立自我认知。通过社会比较，儿童开始形成初步的自我评价。他们可能会根据自己在某些方面的表现，如学习成绩、运动能力、社交技能等，来评价自己的能力和价值。这种自我评价虽然还不够成熟和稳定，但为儿童后续自我认知的发展奠定了基础。在社会比较的过程中，儿童逐渐明确了自己在社会中的位置和角色。他们开始意识到自己是某个群体中的一员，如家庭、班级或社区，并尝试与这个群体建立联系和认同。学龄前期的儿童在初步社会比较的过程中，不仅发展了自己的自我认知，还促进了情感和社会技能的发展。他们学会了如何与他人相处、如何表达自己的情感和需求、如何解决问题等。这些技能的发展为儿童后续的人际交往和适应能力奠定了基础。学龄前期儿童的社会比较往往基于表面特征或局部现象，容易受到外部因素的影响。

（三）学龄期：复杂自我评价

在学龄期，儿童的自我认知发展进入了复杂自我评价阶段。儿童开始形成更为全面、深入和稳定的自我认知，能够对自己的多个方面进行细致的评价，包括身体、外貌、智力、性格、情感、社交技能等。他们能够意识到自己在不同领域中的特点和能力，并尝试将它们整合起来，形成一个全面的自我认知。对自己的评价开始变得更加深入，他们不再仅仅停留在表面的、简单的自我描述上，而是能够对自己的思维、情感、动机和价值观等进行深入的思考和反思。这种深入的评价有助于儿童更好地理解自己，发现自己的优点和不足，并寻求改进。随着年龄的增长，儿童在学龄期逐渐形成了较为稳定的自我认知。

他们开始对自己的特点和能力有更加清晰的认识，并且这种认识不容易因受到外界因素的影响而发生改变。这种稳定的自我认知有助于儿童在面对挑战和困难时保持自信和坚定。

在学龄期，儿童的社会比较行为变得更加频繁和复杂。他们开始与同龄人进行比较，通过比较来评价自己的能力和价值。这种社会比较行为可能会对儿童的自我评价产生积极或消极的影响，家长和教育者需要引导儿童进行健康、积极的社会比较，避免过度比较带来的负面影响。

三、影响儿童自我认知的因素

（一）社会文化

儿童在家庭、学校和社会中接受到的价值观，如尊重、公正、勇气、诚实等，都会成为他们评价自己和他人行为的准则。这些价值观不仅影响儿童对自己的评价，也影响他们与他人的交往方式和态度。社会文化对儿童的性别角色、家庭角色、社会角色等有着明确的期待。儿童在成长过程中，会不断受到这些角色期待的影响，从而对自己的身份、能力和责任产生认知。这些角色期待既可能促进儿童自我认知的发展，也可能限制他们的自我探索和成长。社会文化中的语言和沟通方式也是影响儿童自我认知的重要因素。儿童通过语言与他人交流，了解他人的想法和感受，也表达自己的观点和情感。在不同的社会文化背景下，语言和沟通方式可能存在差异，这会影响儿童对自我和他人的理解和认知。社会文化中的社会比较现象也会影响儿童的自我认知。儿童在与他人的交往中，会不断地将自己与他人进行比较，从而评估自己的能力和价值。如果儿童所处的社会环境中普遍存在过度的竞争和攀比现象，那么他们可能会对自己的评价过于负面，产生自卑和焦虑等情绪。在全球化的今天，儿童可能会面临多种文化的冲击和融合。不同的文化背景和价值观会对儿童的自我认知产生影响，也为他们提供了更广阔的视野和更多的选择。这种多元文化背景有助于儿童形成开放、包容的自我认知，但也可能带来一定的困惑和挑战。

儿童要适当地表达个人感受，察觉个人的长处和弱点；适当地表达对特定活动的喜好，明确地把握和运用自己的能力，为自己确定一个恰当的目标，既不过高也不太低；接受教育以便很好地认识自己并能够觉察自己的个人体验和理想；知道并掌握自己的欲望；不断探寻自我，从而满足自我实现的需要，达到马斯洛需求层次论中的最高层次。

（二）学校教育

“培养什么样的人”以及“怎样培养人”始终是教育的根本问题和永恒主题。在我国当下经济发展、科技进步、产业更新换代和高等教育普及不断加快的大环境下，学校教育不仅要培养儿童的专业能力、学习能力、社会交往能力，更要培养儿童的自我认知能力，让他们能够进行正确的自我观察和评价，进而提高对环境变化的适应能力和应对能力。从本质上来说，这也是让教育回归本真，将“育人比学知识重要”这一理念贯彻到底的重要举措。教师的鼓励和支持能够增强儿童的自信心，帮助他们形成积极的自我认知；而批评和否定则可能导致儿童产生自我怀疑和负面自我评价。

教师要通过课堂教学来对儿童进行自我认知的启蒙教育。首先，应该调整课程结构和课程内容，将帮助和引导儿童进行自我认知的社会心理学、认知心理学、人际关系心理学等心理学课程和生理方面的课程列入其中。教师在授课时通过简洁明了的语言、独具一格的教学设计以及独特的讲解方式，将自我认知的知识有意识地渗透给儿童，这样不仅能够丰富儿童的相关知识，而且在一定程度上也能够培养和提升儿童的自我认知思维。在学校中，儿童与同龄人的互动也是影响其自我认知的重要因素。通过与同伴的交往，儿童能够更全面地认识自己，了解自己的优点和不足，并学习如何与他人合作、竞争和沟通。良好的同伴关系有助于儿童形成积极的自我认知，提高社交技能。学校的课程设置和教育内容也会影响儿童的自我认知。通过多样化的课程和活动，儿童能够接触到更广泛的知识和技能，拓宽自己的视野和认知范围。学校的评价方式也会对儿童的自我认知产生影响。如果学校过分强调分数和成绩，采用单一的评价方式，可能会使儿童过于关注自己的学习成绩，忽视其他方面的发展。相反，如果学校能够采用多元化的评价方式，注重儿童的综合素质和能力培养，这将有助于儿童形成更加全面和准确的自我认知。学校的整体氛围和文化也会对儿童的自我认知产生影响。一个积极、健康、向上的学校氛围能够激发儿童的学习兴趣和热情，促进他们的自我发展和成长。相反，一个消极、压抑、冷漠的学校氛围则可能抑制儿童的自我认知发展。

（三）家庭环境

在一个充满爱、支持和理解的家庭环境中，儿童更容易形成积极的自我认知，对自己的评价也更为积极和准确。相反，如果家庭关系紧张、冷漠或充满冲突，儿童可能会对自己的评价也过于负面，难以形成健康的自我认知。父母的教育方式对儿童自我认知的发展具有深远的影响。父母的支持和鼓励可以促进儿童自我认知的积极发展，使他们更加自信、自主和具有探索精神。而过度的控制、批评或忽视则可能抑制儿童的自我认知发展，导致他们缺乏自信、自我怀疑或过度依赖他人。家庭的文化背景和价值观念也是影响儿童自我认知的重要因素。不同的文化背景和价值观念会影响儿童对自己的期望和评价，进而影响他们的自我认知。在一个鼓励自我表达、尊重个体差异的家庭环境中，儿童更容易形成积极的自我认知。家庭的社会经济状况也可能对儿童的自我认知产生影响。经济条件较好的家庭通常能够为儿童提供更好的教育资源和成长环境，有助于他们形成更加全面和准确的自我认知。而经济条件较差的家庭可能面临更多的挑战和困难，影响儿童自我认知的积极发展。

正值青春期的儿童，他们对自身生理方面的发育和变化、身体素质状况、自我体能等方面有很多困惑与不解。虽然他们可以从书籍、影视作品、网络以及日常体育锻炼中了解和感知到一些关于身体成长变化的知识，但对自身的变化仍缺乏系统全面的知识输入，不能够对自身变化传达出的信息做出准确的判断。而这个年纪的儿童又处于比较敏感、自尊心较强的时期，儿童之间的一些言语、身体触碰可能会引起他们的不适，从而造成一些负面影响。在面对考试失利、社会认知、家长的态度时，他们的自卑心态会更加明显。一些儿童在努力过后没有达到自己的预期效果，也没有满足教师和家长的期望，屡屡受挫让他们对学习失去了信心，在日常生活中他们对其他事物也是一种比较佛系的态度。自卑的心理会让儿童在面对选择和困难时瞻前顾后、畏难退缩，处理问题时束手束脚，在新的环境中也难以融入其中。这种态度对儿童在新学校、新环境中的学习、生活造成了一定影响，也容易让儿童对自己失去信心。家长应与孩子建立亲密的关系，鼓励他们分享自己的感受和困惑，避免批评和指责，而是倾听他们的想法，提供支持和建议。鼓励孩子保持健康的生活习惯，如合理饮食、适度运动等，以增强身体素质。帮助孩子认识到自己的独特性和价值，鼓励他们发展自己的兴趣和发挥自己的才能。教育孩子正确看待失败和挫折，让他们明白失败是成长的一部分。当孩子遇到困难和挫折时，家长应给予心理支持，帮助他们缓解压力和焦虑。如有需要，可以寻求专业心理咨询师或心理医生的帮助。尊重孩子的兴趣和爱好，给予他们自主选择的机会。

（四）同伴关系

同伴之间的互动为儿童提供了社会比较的机会，通过与同龄伙伴的交往，儿童可以观察到他人的行为、能力和特点，并与自己进行比较。这种社会比较有助于儿童更清晰地认识自己的长处和短处，形成更为准确的自我认知。同伴之间的情感支持对儿童自我认知的发展具有积极影响。当儿童在同伴中获得认可、鼓励和支持时，他们的自信心和自尊心会得到增强，从而更加积极地评价自己。如果儿童在同伴中遭受排斥、嘲笑或忽视，他们可能会对自己的评价过于负面。同伴是儿童模仿的重要对象。儿童通过观察同伴的行为、态度和价值观，学习如何与他人相处、如何处理情感问题以及如何应对挑战。这种角色模仿有助于儿童形成自己的身份认同，明确自己在社会中的位置和角色。

第二节　提升儿童自尊心的策略与方法

自尊作为个体对自我价值的一种主观感受和评价，对于儿童的心理健康和全面发展具有不可忽视的作用。一个拥有健康自尊心的儿童，通常能够更自信地面对生活中的挑战，更积极地探索未知，更乐于与他人建立和谐的关系。自尊心的形成并非一蹴而就，它需要在儿童成长的各个阶段得到精心的培养和呵护。在当今社会，随着教育理念的不断更新和家庭教育环境的日益复杂，如何有效地提升儿童的自尊心成为家长和教育工作者们共同关注的问题。健康的自尊心不仅源于儿童自身对自我价值的认可，更离不开家庭、学校以及社会环境的积极引导和支持。

一、自尊心的概念与重要性

（一）自尊心的概念

自尊心是指一个人尊重自己，维护自己的人格尊严，不允许别人侮辱和歧视的心理状态。这种心理状态是人类普遍存在的心理需求之一，也是一个人对自我肯定的一种心理体验和情感体验。自尊心不仅涉及个人的内在价值感受，还与其在社会环境中的地位、荣誉、成就等因素密切相关。自尊心的建立与一个人的成长环境、社会交往、自我意识、自我评价等多种因素有关。当一个人在家庭、集体和伙伴中经常处于受尊重的地位时，他更可能形成稳定的情绪倾向和性格特征，进而产生自豪感和优越感。自尊心强的人通常具有自信、勇敢、自立、有创造力、适应能力强等优势。但过强的自尊心也可能导致个人过于自负、固执己见，甚至产生攻击性和敌意。相反，自尊心过弱的人则可能缺乏自信、自我贬低，难以应对挑战和困难。

（二）心理健康的基石

拥有健康自尊心的儿童更能够控制自己的情绪，面对生活中的挑战和困难时，他们更倾向于以积极、乐观的态度去面对，而不是陷入消极、沮丧的情绪中。自尊心强的儿童更能够清晰地认识自己，明确自己的价值观、信仰和目标。这种自我认同不仅有助于他们形成稳定的个性，还能让他们在面对外界压力时更加坚定自己的立场。自尊心强的儿童在面对生活变化时，更能够迅速适应新环境和新挑战。他们相信自己有能力去解决问题，因此更容易从失败中恢复过来，继续前进。

研究表明，自尊心低下的儿童更容易出现焦虑、抑郁等心理问题。而拥有健康自尊心的儿童则更少出现这些心理疾病，他们的心理健康状况更为稳定。自尊心是心理健康的重要组成部分，它能够促进儿童心理健康的全面发展。当儿童拥有健康的自尊心时，他们更能够感受到自己的价值和意义，从而更加珍惜自己的生命和机会。自尊心强的儿童更能够感受到自己的成就和进步，从而对自己的生活感到满意。这种生活满意度不仅能够提升他们的幸福感，还能够激发他们继续前进的动力。

（三）社会交往的保障

当儿童拥有健康的自尊心时，他们能对自己有清晰的认知，相信自己的能力和价值。自尊心使他们在社交场合中更加自如、自信，能够主动与他人交流、分享，展现自己的风采。在社交过程中，儿童难免会遇到各种挑战和困难，如被拒绝、被误解等。自尊心强的儿童能够更好地应对这些挑战，他们相信自己的能力和价值，能够从失败中吸取经验，调整自己的行为和策略。这种应对社交挑战的能力使他们在社交中更加坚韧、不屈不挠。自尊心强的儿童通常具有更强的集体归属感。他们热爱集体、关心集体利益，愿意为集体做出贡献。他们也能够感受到集体的温暖和支持，从而更加珍惜与集体的关系。这种集体归属感有助于儿童在社交中获得更多的支持和帮助，促进他们的社交成长。他们能够主动地与他人交流、分享，表达自己的观点和感受。他们也能够倾听他人的意见和建议，学习如何与他人合作、协商和解决问题。这种社交技能的提升使儿童在社交中更加游刃有余、得心应手。

（四）自我发展的动力

自尊心强的儿童通常对周围的世界充满好奇，他们渴望探索新的事物，学习新的知识。这种好奇心和求知欲是他们自我发展的主要驱动力。当儿童在探索和学习过程中取得成就时，他们的自尊心会得到进一步的强化，从而形成一个良性循环，推动他们不断向前。自尊心强的儿童在面对挑战和困难时，往往能够保持积极的心态，相信自己有能力克服障碍。这种自尊心使他们更愿意尝试新的事物，即使失败，他们也能够从中吸取经验，不断调整自己的策略和方法，最终实现自我超越。自尊心强的儿童通常能够客观地评价自己的能力和表现，他们既能看到自己的优点，也能认识到自己的不足。这种自我评价的能力有助于他们更好地规划自己的发展路径，设定合适的目标。当发现自己存在不足时，他们也能够积极主动地调整自己的行为和策略，以实现自我提升。

当儿童拥有高自尊心时，他们通常能够以乐观、自信的心态面对生活中的各种挑战和困难。这种积极的人生态度有助于他们更好地适应环境、融入社会，并在与他人交往的过程中建立积极的人际关系。自尊心强的儿童往往敢于表达自己的观点和想法，他们勇于尝试新的方法和途径，以实现自己的目标。

这种创造力和创新精神是他们自我发展的主要体现，也是推动社会进步的重要力量。

二、增强儿童自尊心的策略

儿童的健康成长离不开家长的指导与教育，作为家长一定要掌握教育孩子的正确方法，为孩子创设一个和谐、愉快、宽松、安全的家庭氛围。采取温暖与理解的教养方式，多给孩子关心、鼓励，让孩子独立、自主；尊重他们的兴趣、爱好，允许孩子有不同的见解和观点，正确对待孩子的学习成绩，尽量使孩子的生活丰富多彩和更有意义。首先，父母要了解孩子各方面的情况，给予合理的期望，这种期望必须建立在无条件地爱孩子的基础上。其次，父母经常性地给予孩子赞许，避免尖刻语言的刺激，让孩子感到安全和有价值。最后，父母对孩子成败的反应也会影响儿童的自尊。父母应学会对孩子予以肯定与鼓励，允许孩子在未达到目标前有改正和上进的机会，而不是把孩子推向无助的境地。

（一）给予儿童正面反馈

儿童在成长过程中，对自我价值的认知主要来自外界的评价和反馈。当他们得到正面的评价和反馈时，会感受到自己的努力和成就被认可，从而增强自信心和自尊心。在儿童完成某项任务或表现出良好行为时，家长和教育者要及时给予反馈和鼓励。及时的正面反馈能够让孩子立刻感受到自己的价值，从而增强他们的自尊心。在给予反馈时，家长和教育者要尽量使用具体的描述和例子。例如，不要简单地说“你做得很好”，而是可以说“你今天的作业写得很认真，字迹也很工整，真棒”。这样的具体描述能让孩子更清楚地了解自己哪里做得好，从而更有针对性地提升自我。在给予反馈时，家长和教育者要用温暖、积极的语气和表情表达赞赏和鼓励。这种情感上的支持能够让孩子感受到爱和关注，从而更加自信地面对生活。在给予反馈时，家长和教育者要避免使用与其他孩子的比较。每个孩子都是独一无二的，都有自己的优点和特长。用比较的方式可能会让孩子产生不必要的压力和焦虑，影响他们的自尊心发展。

给予孩子的反馈必须真诚，虚假的夸赞会让孩子感到被欺骗，反而会对他们的自尊心产生负面影响。在给予反馈时，要注意适度。过度的夸赞可能会让孩子产生自满和骄傲的情绪，不利于他们的成长。反馈和鼓励要针对具体的行为和表现。这样孩子才能更清楚地了解自己哪里做得好，哪里还需要改进。

（二）为儿童设立可实现的目标

为儿童设定的目标应该具体明确，让他们清楚地知道自己需要做什么、达到什么标准。例如，设定“每天阅读半小时”而不是“多读书”。目标应该根据儿童的实际情况和能力水平进行设定，避免过高或过低。过高的目标可能会让儿童感到挫败，而过低的目标则无法激发他们的积极性。家长和教育者需要充分了解儿童的实际情况，设定恰当的目标。可以将长期目标分解为若干短期目标，让儿童逐步达成，这样可以让儿童在达成每个短期目标时都获得成就感，增强他们的自信心和自尊心。在儿童追求目标的过程中，家长和教育者应该给予他们充分的鼓励和支持。当儿童遇到困难时，可以引导他们思考解决问题的方法，帮助他们克服困难，实现目标。应该尊重他们的意愿和选择，避免过度干预。家长和教育者可以给予建议和指导，但最终决定权应该交给儿童。

在实现目标的过程中，家长和教育者应该关注儿童的努力和进步，而不仅仅是结果。当儿童付出努力但没有达到预期目标时，可以肯定他们的努力，帮助他们分析原因，鼓励他们继续努力。如果设定的目标过高或过低，导致儿童无法达成或缺乏挑战性，家长和教育者应该及时调整目标，以适应儿童的实际情况和能力水平。

（三）培养儿童积极应对挑战的态度

当儿童面对挑战时，如果他们能够保持积极的心态，相信自己能够克服困难，那么他们就更有可能成功。这种成功的体验会进一步增强他们的自信心和自尊心。此外，积极应对挑战的态度还有助于儿童形成坚韧不拔、勇于探索的个性品质，这些品质对于他们未来的成长和发展至关重要。家长和教育者应该成为儿童积极应对挑战的榜样。当家长和教育者面对困难时，能够保持冷静、乐观，并积极寻找解决方案，这会给儿童留下深刻的印象，激励他们学习这种态度。家长和教育者要为儿童提供适当的挑战和机会，让他们在实践中学会应对困难。这些挑战可以是学习上的难题、社交中的冲突等。在提供挑战时，要确保挑战的难度适中，既不会让儿童感到过于困难而失去信心，也不会让他们觉得太容易而失去兴趣。鼓励儿童勇于尝试新事物，即使失败也要保持积极的心态。当儿童尝试新事物时，无论结果如何，家长和教育者都应该给予他们肯定和鼓励。这样可以让儿童明白，失败并不可怕，重要的是从失败中学习并继续努力。

家长和教育者要教给儿童一些应对挑战的策略和方法，如分解问题、制订计划、寻求帮助等。这些策略和方法可以帮助儿童更好地应对挑战，提高他们应对困难的能力。在儿童应对挑战的过程中，家长和教育者应该关注他们的努力和进步，而不仅仅是结果。当儿童付出努力但结果不尽如人意时，要肯定他们的努力，帮助他们分析原因并鼓励他们继续努力。虽然我们要培养儿童积极应对挑战的态度，但也要避免过度保护他们。过度保护可能会让儿童失去面对困难的机会，从而影响他们的发展。每个儿童都有自己的个性和特点，我们应该尊重他们的选择和决定。在培养积极应对挑战的态度时，也要考虑到儿童的个性差异，避免"一刀切"的教育方式。培养积极应对挑战的态度需要时间和耐心。家长和教育者要持之以恒地引导和鼓励儿童，让他们在实践中逐渐养成这种态度。

（四）鼓励儿童自我表达与自我接纳

自我表达是儿童展示自我、理解自我、与他人建立连接的必要途径。当儿童能够自由地表达自己的想法和感受时，他们会感到被尊重和理解，这种被接纳的感觉能够极大地增强他们的自尊心。通过自我表达，儿童还能更好地认识自己，了解自己的需求和期望，从而更好地规划自己的生活和发展。

鼓励儿童自我表达，为儿童创造一个安全、无威胁的环境，让他们感到自己可以自由地表达而无需担心被评判或嘲笑。这可以通过家长的言行举止、家庭氛围的营造、学校的支持等方式来实现。当儿童表达自己的想法和感受时，家长和教育者应该认真倾听，并给予尊重和关注。不要打断他们的发言，也不要轻易给出解决方案或建议，而是让他们自己思考和表达。鼓励儿童通过多种形式表达自我，包括言语、绘画、音乐、舞蹈等。这样可以让他们更加全面地展示自己，也能够培养他们的创造力和想象力。在倾听儿童表达后，家长和教育者可以给予积极的反馈和引导，肯定他们的努力和表达，指出可以改进的地方，并提供具体的建议。这种反馈应该是建设性的、鼓励性的，避免过于苛刻或否定性的评价。为了帮助儿童更好地表达自己，家长和教育者可以教授他们一些基本的沟通技巧，如如何组织语言、如何清晰地表达想法、如何倾听他人等。

自我接纳是指儿童能够客观地认识自己的优点和不足，并接受自己的不完美。在培养儿童自我接纳的过程中，家长和教育者需要让儿童明白自己的价值不仅取决于外在的表现或成就，更重要的是他们的内在品质、性格、努力等。这有助于他们形成更为全面和客观的自我认知。当儿童面对自己的不足时，家长和教育者应该鼓励他们积极面对，并寻求弥补的方法。不要让他们因为不足而感到自卑或沮丧，而是让他们明白不足是成长的一部分。当儿童取得进步或表现出色时，家长和教育者应该给予及时的肯定和鼓励。这能够增强儿童的自信心和自尊心，也能够让他们更加积极地面对挑战和困难。虽然我们要鼓励儿童自我表达和自我接纳，但也要避免过度保护他们。过度保护可能会让儿童失去面对困难的机会，从而影响他们的发展。每个儿童都有自己的个性和特点，我们应该尊重他们的选择和决定。在鼓励自我表达和自我接纳的过程中，也要考虑到儿童的个性差异，避免“一刀切”的教育方式。培养儿童自我表达和自我接纳需要时间和耐心。家长和教育者要持之以恒地引导和鼓励儿童，让他们在实践中逐渐获得这种能力。

（五）鼓励儿童尝试新事物

鼓励儿童尝试新事物是增强其自尊心的重要策略之一，通过接触和尝试新事物，儿童可以不断挑战自我，拓宽视野，增强自信，进而形成更强的自尊心。家长和教育者可以找出孩子的兴趣点，利用他们的兴趣作为尝试新事物的起点。例如，如果孩子喜欢音乐，可以鼓励他们尝试学习一种新的乐器；如果孩子对科学感兴趣，可以引导他们进行简单的科学实验。鼓励孩子表达自己对新事物的兴趣，并与他们一起探讨和规划如何开始尝试。鼓励孩子以小步前进的方式尝试新事物，而不是一步到位或过于追求完美。这有助于降低孩子的焦虑和压力，让他们更容易接受和享受尝试的过程。家长和教育者可以先让孩子从简单的任务或活动开始，逐渐增加难度和挑战，让他们逐渐适应和成长。

在孩子尝试新事物之前，家长和教育者可与他们坦诚地讨论可能存在的风险和挑战。这有助于孩子理解并接受这些风险，以及思考如何在尝试过程中保护自己。家长和教育者也要告诉孩子失败是正常的，失败并不代表他们不行或没有价值，而是成长的一部分。在孩子尝试新事物的过程中，给予他们足够的支持和鼓励。这可以让孩子感受到安全和被关注，增强他们的信心和勇气。家长和教育者可以与孩子一起制订尝试计划，提供必要的资源和帮助，以及在孩子遇到困难时给予指导和建议。帮助孩子学习如何评估风险和收益，以便他们可以做出自己的决定。这包括教他们如何查找信息、考虑可能的结果以及如何依据这些信息做出决策。通过这样的过程，孩子可以学会独立思考和自主决策，这对于增强他们的自尊心和自信心都有很大的帮助。

家长或教育者应该以身作则，展示自己对尝试新事物的积极态度和行为。并让孩子看到尝试的过程和结果，包括努力、失败和成功。这可以让孩子明白尝试新事物是正常的和有益的，并激发他们自己的尝试欲望。鼓励孩子尝试新事物是一个多方面的过程，需要家长或教育者的引导和支持。激发兴趣、小步前进、讨论风险、提供支持、教导决策和以身作则等方式，可以帮助孩子逐渐建立起对尝试新事物的积极态度和自信心，进而增强他们的自尊心。

（六）增加儿童的社交机会

增加儿童的社交机会是提升他们自尊心的重要途径。通过与他人建立联系、互动和合作，儿童可以学习如何与他人相处，培养自己的社交技能，并在社交过程中获得他人的认可和尊重，进而增强自尊心。家长和教育者可以为儿童创造一个积极、安全、包容的社交环境，让他们愿意与他人交流。家庭和学校是儿童社交的主要场所，应该注重培养和谐、友好的氛围。家长和教育者可以鼓励儿童参加各种社交活动，如家庭聚会、生日派对、社区活动等，让他们有机会与不同年龄、背景的人接触和交流。教导儿童基本的社交规则，如尊重他人、倾听他人意见、表达自己的想法等。这些规则有助于儿童在社交过程中更好地与他人相处。家长和教育者可以教授儿童一些有效的沟通技巧，如如何开始对话、如何维持对话、如何结束对话等。良好的沟通技巧可以让儿童在社交中更加自信。

家长和教育者可以组织一些需要合作才能完成的任务或活动，如团队游戏、小组项目等，让儿童在合作中学会分享、协商和解决问题。鼓励儿童分享自己的玩具、食物等资源，培养他们的分享意识。也要教育他们尊重他人的权利和利益。在社交过程中，冲突是不可避免的。家长和教育者应该引导儿童学习如何妥善处理冲突，如通过沟通、协商、妥协等方式解决问题。教授儿童一些应对冲突的技巧，如如何保持冷静、如何表达自己的立场、如何倾听他人的意见等。这些技巧有助于儿童在冲突中保持自信并维护自己的尊严。家长和教育者应该成为儿童社交的榜样。通过自己的言行举止，向儿童展示如何与他人建立良好关系、如何处理冲突等。邀请一些具有良好社交能力的成年人或同龄人与儿童互动，让他们从榜样身上学习到更多的社交技巧和经验。

每个儿童都有自己独特的社交需求。家长和教育者应该关注儿童的需求，为他们提供适合的社交机会。对于那些内向、害羞的儿童，可以鼓励他们参加一些需要较少社交技巧的活动，如绘画、阅读等，并逐渐引导他们参与到更广泛的社交活动中。通过增加儿童的社交机会，不仅可以提升他们的社交技能和自信心，还可以让他们在与他人的互动中获得更多的认可和尊重，进而增强自尊心。家长和教育者应该注重为儿童创造更多的社交机会，并引导他们学会如何与他人建立良好的关系。

（七）培养儿童的责任感

培养儿童的责任感是增强他们自尊心的关键策略之一。当儿童学会对自己的行为负责，并对他人和社会产生积极影响时，他们会感到自己是有价值的，从而增强自尊心。从儿童早期开始，就让他们明白自己的行为和选择会产生后果。例如，让孩子明白如果他们忘记收拾玩具，就会导致房间变得杂乱无章。鼓励孩子对自己的行为负责，让他们明白自己的行为不仅影响自己，也影响他人。在家庭中，为孩子分配一些他们力所能及的家务任务，如整理房间、照顾宠物等。这样可以帮助他们理解作为家庭一员的责任。在学校或社区中，鼓励孩子参与志愿者活动或担任班级职务，让他们体验对集体和社会的责任感。家长和教育者应该成为孩子学习责任感的榜样。通过自身的言行举止，展示如何对自己的行为负责，如何关心他人和社会。表扬那些表现出责任感的儿童，让他们成为其他孩子的榜样。当孩子面临困难或挑战时，鼓励他们勇敢面对，而不是逃避。让他们知道，承担责任意味着面对挑战并努力克服。在孩子面对失败时，引导他们从失败中学习，而不是责备他们。这样可以帮助他们建立积极的心态，更加愿意承担责任。家长和教育者让孩子明白他们的行为会产生后果，包括积极和消极的后果。这样可以帮助他们更加谨慎地做出选择，并对自己的行为负责。当孩子的行为产生不良后果时，应该与他们一起讨论如何补救和纠正，让他们学会对自己的行为负责。在家庭中，让孩子参与家庭决策过程，如制定家庭规则、安排家庭活动等，让他们感到自己是家庭中的一员，对家庭有责任感。在学校或社区中，鼓励孩子参与团队或组织的决策过程，让他们学会为集体负责。培养儿童的责任感需要从小开始，可以通过设定明确的责任、树立榜样、鼓励面对挑战、教授后果的概念以及鼓励参与决策等方式来逐步实现。这样可以帮助儿童建立积极的心态和价值观，增强他们的自尊心和自信心。

第三节　自我认知与自尊培养活动设计

随着社会的快速发展和教育的不断进步，人们越来越认识到儿童自我认知与自尊培养的重要性。在实际的教育实践中，我们发现许多儿童在自我认知与自尊方面存在一些问题，如对自己的评价过于负面、缺乏自信等。这些问题不仅影响了儿童的心理健康，还对他们的学习、生活和社会适应能力产生了负面影响。本节旨在通过设计一系列有针对性的活动，帮助儿童提升自我认知与自尊。我们将从儿童的身心发展特点出发，结合教育心理学和儿童发展学的相关理论，设计丰富多彩、形式多样的活动，以激发儿童的兴趣和积极性，促进他们在自我认知与自尊方面的全面发展。在活动的实施过程中，我们将注重引导儿童发现自己的优点和特长，鼓励他们勇于表达自己的观点和想法，培养他们的自信心和自主性。我们也将关注儿童的个体差异，尊重他们的选择和决定，为他们提供个性化的支持和帮助。

一、活动设计原则

（一）针对性原则：根据儿童年龄和发展特点设计活动

在设计自我认知与自尊培养的活动时，教师要确保活动的针对性，即活动的内容和形式应当紧密结合儿童的年龄和发展特点。因为儿童在不同年龄段具有不同的心理特征、认知能力和情感需求，只有针对性地设计活动，才能更好地满足他们的成长需求，促进他们的全面发展。活动的内容和形式应当符合儿童的年龄特征。例如，对于上幼儿园的儿童，教师可以设计一些游戏化的活动，让他们在玩耍中认识自己、体验成功；而对于上小学的儿童，教师可以设计一些具有挑战性的任务，让他们在完成任务的过程中发现自己的潜力和价值。

儿童的自我认知与自尊是随着年龄的增长而逐渐发展的。在设计活动时，需要考虑到儿童当前的发展阶段，以及他们即将进入的新阶段。例如，在幼小衔接阶段，可以设计一些帮助儿童认识自己、适应新环境的活动，为他们顺利过渡到小学做好准备。每个儿童都是一个独特的个体，他们在自我认知与自尊方面存在着差异。在设计活动时，教师需要尊重儿童的个体差异，为他们提供个性化的支持和帮助。例如，对于一些自卑感较强的儿童，可以设计一些鼓励他们发现自己的优点和特长的活动，帮助他们建立自信心；对于一些过于自信的儿童，可以设计一些让他们认识自己不足的活动，培养他们的谦逊精神。

儿童的兴趣是他们参与活动的动力源泉。在设计活动时，教师需要充分考虑儿童的兴趣爱好，设计一些能够吸引他们参与的活动。例如，对于喜欢绘画的儿童，可以设计一些绘画比赛或展览活动，让他们通过展示自己的作品来增强自信心；对于喜欢运动的儿童，可以设计一些体育比赛或健身活动，让他们通过锻炼身体来发现自己的潜力和价值。

（二）趣味性原则：通过游戏和互动提高儿童参与兴趣

儿童天性活泼好动，喜欢有趣、新颖的事物。在设计活动时，教师必须充分考虑趣味性，以吸引他们的注意力，提高他们的参与兴趣。游戏是儿童最喜欢的活动之一，将游戏元素融入活动设计中，可以使活动变得更加有趣。例如，设计一些角色扮演游戏，让儿童通过扮演不同的角色来体验不同的生活情境，从而加深对自己的了解；或者设计一些益智游戏，让儿童在解决问题的过程中发现自己的潜能和优点。互动性强的活动可以激发儿童的参与热情，提高他们的投入度。在设计活动时，教师应注重增加互动性。例如，组织小组讨论、团队竞赛等集体活动，让儿童在相互交流和合作中增强自我认知，提升自尊感；或者通过问答、抢答等方式，让儿童积极参与，激发他们的思维能力和表达能力。

新颖、有趣的活动内容可以激发儿童的好奇心和探索欲。在设计活动时，教师应注重创新性的体现。例如，引入一些新颖的活动材料或道具，让儿童在探索中发现新的乐趣；或者设计一些具有挑战性的任务，让儿童在克服困难的过程中发现自己的潜力和价值。情感共鸣是增强活动趣味性的重要手段，在设计活动时，教师应注重引发儿童的情感共鸣。例如，通过讲述一些感人至深的故事或案例，让儿童在情感上产生共鸣，从而更深入地理解自我认知与自尊的重要性；或者组织一些情感交流的活动，让儿童在分享自己的感受和经验的过程中增强自我认同感。

教师通过游戏化的设计、互动性的增强、创新性的体现以及情感共鸣的引发，可以使活动变得更加有趣、生动和有意义，从而吸引儿童的注意力，提高他们的参与兴趣，为他们的自我认知与自尊培养提供有力的支持。

（三）实践性原则：让儿童通过亲身体验来增强自我认知与自尊

儿童通过亲身体验和参与活动来深化对自我的理解，从而建立起坚实的自尊基础。亲身参与是儿童学习的有效方式之一。通过实践活动，儿童能够直观地感受到自己的能力和价值，从而更好地理解自我。实践活动能够激发儿童的好奇心和探索欲，促使他们主动思考和解决问题，进而提升自我认知。教师应选择适合儿童年龄和发展水平的实践活动，确保活动既具有挑战性又不过于困难，以充分激发儿童的参与热情。活动的安排应具有连贯性和系统性，逐步引导儿童从简单的自我认知任务过渡到更复杂的自尊培养活动。

在实践活动中，教育者应给予儿童适当的指导和支持，帮助他们解决遇到的困难和挑战，确保活动的顺利进行。教育者应鼓励儿童表达自己的感受和想法，倾听他们的声音，以更好地了解他们的需求和进步。教育者应引导儿童进行反思和总结，帮助他们回顾自己的表现、收获和成长，进一步巩固其自我认知与自尊。

儿童可以更加清晰地认识到自己的优点和不足，为未来的成长和发展制订更加明确的目标和计划。自我认知与自尊培养是一个长期的过程，需要持续不断地进行实践活动。教育者应设计多样化的实践活动，以满足儿童不同发展阶段的需求。通过丰富多样的实践活动，儿童可以在不同的情境和任务中展现自己的能力和价值，从而建立起更加全面和稳固的自尊。实践性原则不仅适用于学校教育，也应在家庭教育中得到贯彻。家长应积极参与孩子的实践活动，关注孩子的成长和进步，给予他们充分的支持和鼓励。通过家庭与学校的合作，双方可以共同为儿童营造一个充满爱、尊重和支持的成长环境，促进他们自我认知与自尊的健康发展。

二、活动实施案例

以下分享六个幼儿园及小学低年级的活动实施案例。

（一）我是谁？——自我认知活动

此活动旨在帮助儿童认识自己的特点、兴趣和价值观。鼓励儿童积极表达自己的感受和想法。培养儿童自我反思和自我探索的能力。活动准备：镜子，彩色纸、笔、剪刀、胶水等手工制作材料，安静的活动空间。活动流程：开场引导，引导者向儿童介绍活动的主题和目的，激发他们对自我认知的兴趣。提问："你们知道自己有哪些独特的特点和兴趣吗？"引导儿童思考并分享。引导儿童在小组或班级中做简短的自我介绍。自我介绍的内容可以包括姓名、年龄、家庭情况、兴趣爱好、特长等。引导者鼓励儿童用自己的话描述自己，不要害怕展示真实的自己。可以为每个儿童准备一张小卡片，让他们把自己的名字和一个小特点或兴趣写在卡片上，然后互相交换，以便更好地记住彼此。

自我观察：引导者让儿童站在镜子前，仔细观察自己的外貌、穿着和表情等外在特点。鼓励儿童思考并分享自己的观察结果，如"我发现我的眼睛很大""我喜欢穿红色的衣服"等。兴趣探索：引导者引导儿童思考自己的兴趣爱好，并提问："你们平时喜欢做什么？有什么特别喜欢的活动或事物吗？"让儿童分享自己的兴趣爱好，并讨论这些兴趣爱好对他们的影响和意义。

价值观澄清：引导者向儿童解释价值观的概念，并提问：“你们觉得什么品德是最重要的？什么是对你们来说有意义的事情？”鼓励儿童思考并分享自己的价值观，如“我认为诚实很重要”“我喜欢帮助别人”等。

制作“我是谁”卡片：引导者给儿童发放彩色纸和制作材料，让他们制作一张代表自己的“我是谁”卡片。卡片上的内容可以包括自己的外貌特征、兴趣爱好、价值观等内容，形式可以是绘画、贴纸、文字等。引导者鼓励儿童发挥创造力，将自己的特点和兴趣以独特的方式展现出来。完成后，让儿童将自己的“我是谁”卡片展示给其他同学看，并分享卡片上的内容和创作过程。引导者引导儿童互相倾听和尊重彼此的差异，鼓励他们学习并欣赏不同的特点和兴趣。

活动形式：小组讨论“我是谁？”引导者引导儿童思考“我是谁？”这一问题，并鼓励他们分享自己对这个问题的初步理解。将儿童分成若干小组，每组4~5人。每个小组围绕“我是谁？”这一主题展开讨论，每个儿童轮流分享自己的兴趣、爱好、优点、缺点、梦想等。记录：每个小组指定一名记录员，记录讨论内容，并在讨论结束后进行小组分享。角色扮演，自我展示：根据小组讨论的内容，引导者为每个小组编写脚本或准备角色扮演的卡片。每个角色都应反映不同的性格特点和自我特质。引导者将脚本或卡片分发给各个小组，每个小组根据脚本或卡片分配角色。每个小组进行角色扮演的排练，确保每个儿童都能充分理解并表达自己所扮演的角色。每个小组轮流上台表演，其他小组观看并给出反馈。艺术创作“自我之光”引导儿童思考自己在小组讨论和角色扮演中的体验和感受，并鼓励他们将这些体验和感受转化为艺术作品。儿童使用提供的艺术创作材料，创作一幅名为“自我之光”的作品。作品可以是一幅画、一张拼贴、一个立体装置等，只要能够表达儿童的自我认知和自尊感即可。儿童将自己的作品展示给其他同学，并解释作品的创作灵感和所表达的含义。

总结与反馈：引导者引导儿童回顾整个活动的流程和体验，并分享自己的收获和感受。鼓励儿童互相给予正面的反馈和鼓励，以增强他们的自尊感和自我价值感。

展望：引导者引导儿童思考如何将活动中的所学运用到日常生活中，以不断提升自己的自我认知和自尊感。引导者引导儿童回顾整个活动的过程和收获，帮助他们巩固自我认知的成果。提问："通过这次活动，你对自己有了哪些新的认识？你觉得自己的特点和兴趣有什么独特之处？"鼓励儿童将活动中的感受和思考记录在日记或绘画作品中，以便日后回顾和反思。

活动延伸：家长可以在家中与孩子一起进行类似的自我认知活动，进一步加强和增进亲子之间的沟通和了解。学校可以定期举办类似的自我探索活动，为儿童提供一个展示自己、认识自己的平台

布置作业：引导者要求儿童撰写一篇关于"自我之光"的日记或短文，记录自己在活动中的体验和感受。鼓励儿童与家人分享自己在活动中的所学和所感，并邀请家人一起参与自我认知和自尊培养的活动。

（二）我是小英雄——自尊提升活动

教师提供一个积极的平台，让儿童分享自己的成就和经历，增强他们彼此之间的认可和尊重。活动准备：教室或活动室，确保有足够的空间供儿童活动。奖杯、证书或小奖品，用于表彰儿童的成就。录音设备或视频设备，用于记录儿童的分享和表演。图表或海报纸，用于制作"英雄墙"或"成就墙"。

活动流程：教师通过简短的故事或视频，引入"英雄"的概念，并与儿童讨论成为英雄所需的品质（如勇气、坚持、善良等）。鼓励儿童分享他们心目中的英雄，以及这些英雄如何影响了他们。让每个儿童思考并分享他们曾经克服的困难或取得的成就，这些经历如何使他们成为自己的英雄。教师可以为每个分享的儿童颁发小奖品或证书，以表彰他们的努力和勇气。准备一张大海报纸或图表，作为"英雄墙"或"成就墙"的背景。鼓励儿童用彩色纸、画笔等材料制作自己的"英雄勋章"或"成就卡片"，上面可以写上他们的名字、成就或想对自己说的话。将每个儿童的"英雄勋章"或"成就卡片"贴在"英雄墙"或"成就墙"上，让所有人都能看到他们的成就。

教师邀请每个儿童在全班同学面前分享他们的"英雄故事"或"成就经历"。使用录音设备或视频设备记录儿童的分享，以便后续回顾和展示。在分享过程中，教师和其他同学应给予积极的反馈和鼓励，增强儿童的自尊心和自

信心。让儿童独自思考并写下自己的三个优点和三个成就。将儿童分成小组，让他们分享自己的优点和成就，并互相鼓励。每组选出一名代表，向全班展示他们组的讨论成果，教师鼓励其他儿童给予正面反馈。教师引导儿童想象一个他们成功完成某项任务或达到某个目标的场景。让儿童扮演场景中的自己，其他儿童或老师扮演支持者或观众。使用计时器设定时间，让儿童在限定时间内模拟表演成功场景。表演结束后，让儿童分享自己的感受，并鼓励其他儿童给予正面反馈。引导儿童思考并设定一个短期（如一周、一个月）内可实现的个人挑战目标。

教师让儿童使用彩色便笺纸和笔制作详细的挑战计划，包括目标、步骤、时间表和所需的支持。让儿童在全班面前展示自己的挑战计划，并邀请其他儿童给予建议和鼓励。在活动结束后的一段时间内，老师或家长跟进儿童的挑战计划进展，并给予反馈和支持。总结活动中的亮点和收获，教师强调每个儿童都是自己的英雄，都有自己独特的价值和能力。鼓励儿童在日常生活中继续展现自己的英雄品质，并勇于面对挑战和困难。

家庭作业：教师要求儿童在家中与家长分享他们的“英雄故事”或“成就经历”，并邀请家长一起参与讨论和反馈。在后续的活动中，定期回顾“英雄墙”或“成就墙”，让儿童再次感受到自己的成长和进步。可以组织类似的活动继续开展拓展活动，如“我是小艺术家”“我是小科学家”等，以不同主题培养儿童的自尊心和自信心。

（三）镜子中的我——自我接纳活动

此活动旨在帮助儿童通过观察和反思，更全面地认识自己的外貌和内在特点。培养儿童自我接纳的能力，增强他们的自尊和自信。鼓励儿童用积极、开放的心态面对自己的优点和不足。

老师准备镜子（每人一面），彩色笔和纸，安静、舒适的活动空间。老师引导儿童进入活动空间，确保环境安静、舒适。老师简短介绍活动目的，强调自我接纳的重要性。每位儿童手持镜子，仔细观察自己的外貌特征，如眼睛、鼻子、嘴巴等。老师鼓励儿童思考并说出自己观察到的特点，如“我的眼睛很大”“我的皮肤很白”等。除了外貌特征，老师引导儿童思考自己的内在特点，如性格、兴趣、能力等。鼓励儿童用“我是一个……”的句式来表达，如“我是一个喜欢画画的孩子”“我是一个乐于助人的孩子”等。儿童使用彩色笔和纸，将自己观察到的外貌特征和内在特点画下来。老师鼓励儿童在绘画过程中加入自己的想象和感受，创作出独一无二的自我画像。每位儿童展示自己的画作，并分享创作过程中的感受和想法。其他儿童和老师给予积极的反馈和鼓励，增强儿童的自尊和自信。

儿童在镜子前思考并列出自己的三个优点和三个缺点，记录在纸上。教师将儿童分成小组，每组围坐在一起，轮流分享他们的优缺点，并互相讨论。每组选出一名代表，将小组讨论的成果向全班展示，教师鼓励其他儿童给予反馈和建议。儿童使用彩色笔和纸绘制自己的自我接纳树。在树根部分画出自己的缺点，用树干和树枝展示优点，最后在树叶上写下自己接纳缺点的理由或感悟。每位儿童展示自己的自我接纳树，并简要介绍创作过程和感悟。

老师总结活动，强调自我接纳的重要性，并鼓励儿童在日常生活中继续实践。鼓励儿童反思自己在活动中的表现，思考如何更好地接纳自己。确保每位儿童都有一面镜子，以便他们能够充分观察自己。在分享与交流环节，老师要注意倾听儿童的发言，给予积极的反馈和鼓励，避免任何形式的批评或贬低。鼓励儿童用积极、开放的心态面对自己的缺点和不足，避免过于强调缺点或不足。

通过“镜子中的我——自我接纳活动”，儿童能够更全面地认识自己的外貌和内在特点，培养自我接纳的能力，增强自尊和自信。活动也鼓励儿童用积极、开放的心态面对自己的缺点和不足，为他们的健康成长奠定良好的基础。

（四）一起成长——同伴互助活动

通过同伴互助，儿童可以更全面地认识自我，提高自我认知。培养合作精神和团队意识，增强自尊和自信。老师鼓励儿童在同伴互助中学会尊重、倾听和欣赏他人，形成良好的人际关系。

老师准备安静、宽敞的室内或室外活动场地，分组标记（如小组名牌、颜色带等），任务卡片或任务清单（包含各种需要合作完成的任务），计时器或钟表，奖励品（如小贴纸、小红花等，用于鼓励表现优秀的小组）。老师简要介绍活动目的和规则，强调同伴互助的重要性。将儿童分成若干小组，每组4~5人，并给每组分配一个小组名牌或颜色带。

老师给每个小组发放任务卡片或任务清单，每个任务都需要小组成员共同合作完成。小组成员根据任务卡片或任务清单开始执行任务。老师在此过程中观察并记录每个小组的合作情况和任务完成情况。如果某个小组在完成任务过程中遇到困难，老师可以给予适当的指导和帮助，或者让其他已经完成任务的小组提供支持和建议。每个小组选出一名代表，向全班展示和分享他们的任务成果以及完成任务过程中的体验和感受。其他小组和老师对展示的小组给予积极的反馈和建议。

老师总结整个活动，强调同伴互助的价值和意义，以及每个小组在活动中的表现。鼓励儿童反思自己在活动中的表现，思考如何更好地与他人合作、尊重他人并欣赏他人的优点。老师根据每个小组的任务完成情况和合作精神，给予相应的奖励和鼓励。鼓励儿童继续发扬合作精神，相互支持和帮助，在学习和生活中一起成长。

（五）家庭与学校合作——全方位培养活动

加强家庭与学校之间的合作，双方共同促进儿童自我认知与自尊培养。通过家庭与学校的共同努力，为儿童提供一个连续、一致的教育环境。学校鼓励家长参与儿童的教育过程，增强家长的教育意识和能力。

活动形式有家校共育、亲子互动、教育讲座。活动准备：邀请家长参与活动的通知和邀请函，活动日程安排和地点信息，教育讲座的主题和内容准备，亲子互动游戏的准备和道具，活动期间的餐饮和休息安排。活动流程：活动开幕式约10分钟，主持人介绍活动目的、流程和参与人员。学校领导或教师代表致辞，强调家庭与学校合作的重要性。教育讲座约30分钟，邀请教育专家或心理专家就儿童自我认知与自尊培养进行主题讲座。讲座内容涵盖儿童自我认知的重要性、自尊心的培养方法、家庭与学校如何合作等。学校提供讲座材料供家长参考和学习。亲子互动游戏约40分钟，包括一系列亲子互动游戏，如“我了解你”“合作拼图”等。游戏旨在增强家长与儿童之间的情感联系，促进双方的相互理解和支持。游戏中融入自我认知和自尊培养的元素，如自我介绍、分享优点等。家长分享会约20分钟，邀请部分家长分享他们在家庭教育中培养儿童的自我认知和自尊心的经验和做法。分享会旨在鼓励家长之间的交流和学习，从而提高其教育水平。活动总结与闭幕约10分钟，学校领导或教师代表总结活动内容和收获，感谢家长的参与和支持。强调家庭与学校合作的重要性，并鼓励家长在日常生活中继续关注和支持儿童的教育成长。

活动注意事项：学校提前通知家长活动的时间、地点和内容，确保家长的参与和准备。准备充分的教育讲座内容和亲子互动游戏，确保活动的丰富性和有效性。在活动中积极鼓励家长与儿童的互动和参与，营造积极的家庭氛围。在活动总结中强调家庭与学校合作的重要性，并鼓励家长在日常生活中继续发挥作用。通过家长的反馈和参与度评估活动的满意度和效果。观察儿童在活动中的表现和成长，评估其自我认知和自尊心的培养情况。收集家长的意见和建议，为今后的活动改进提供参考。

（六）我的成长足迹——自我成长回顾与规划活动

此活动旨在帮助儿童回顾自己的成长历程，识别自己的成长变化。鼓励儿童思考自己的优点和成就，增强自尊心。引导儿童制订未来的成长计划，培养其自我规划和目标设定的能力。活动准备：成长照片或视频（可以是儿童从婴儿到现在的照片或视频）、绘画材料（如彩笔、纸等）、成长记录本或时间线材料、奖励贴纸或小礼品。开始活动时，老师或家长向儿童介绍活动的目的和意义。展示儿童从婴儿到现在的成长照片或视频，让儿童回忆和分享自己的成长故事。鼓励儿童谈论自己的变化，如身体、技能、兴趣等方面的成长。引导儿童思考自己的优点和已经取得的成就，并鼓励他们大声说出来。可以使用绘画材料，让儿童画出自己的优点或成就，并展示给其他人看。老师或家长给予积极的反馈和鼓励，增强儿童的自尊心。询问儿童对未来的期望和梦想，鼓励他们制订自己的成长计划。提供成长记录本或时间线材料，让儿童将自己的成长目标和计划记录下来。鼓励儿童分享自己的成长计划，并相互给予支持和建议。对整个活动进行总结，强调自我认知、自尊培养以及自我规划的重要性。给予积极参与和表现突出的儿童奖励贴纸或小礼品，激励他们继续努力。在活动过程中，老师或家长应关注每个儿童的情感变化，给予适当的鼓励和支持。鼓励儿童在家庭中与父母一起回顾和分享自己的成长故事，增进亲子关系。将儿童的成长照片、绘画作品和成长计划制作成展板或相册，展示在教室或家中，让儿童随时回顾自己的成长足迹。

第六章　家庭教育与儿童心理健康的关系

家庭教育是指父母和其他监护人为了培养未成年人全面健康发展，对未成年人的道德品质、性格素质、身体素质以及行为习惯等进行的引导和影响。家庭教育属于终身教育，它不仅是学校教育的基础，而且是学校教育的补充和延伸。家庭教育作为一种影响个人发展的教育，在一定程度上影响着一个人人生目标的实现。家庭教育的目标是在儿童进入社会之前，保证儿童身心健康发展。

第一节　家庭教育方式对儿童心理健康的影响

随着社会的不断进步，人们对家庭教育也越来越重视。家庭氛围对儿童心理健康有着很大的影响，同时，父母文化素养的高低也影响着儿童的心理健康能否往一个好的方向去发展。家庭教育应重视对儿童在心理健康及未来发展方向上的引导。

一、权威型家庭教育与儿童心理健康

权威型家庭教育是指父母在家庭中既保持一定的权威，又尊重孩子的个性和需求的教育方式。在这样的家庭里，父母在设定明确的规则和期望的同时，也愿意倾听孩子的想法，提供支持和指导。父母会为孩子设定清晰、合理的规则和期望，让孩子明确知道哪些行为是被接受的，哪些是不被接受的。父母尊重孩子的个性和兴趣，鼓励孩子发展自己的特长和爱好。当孩子遇到问题时，父母会及时给予帮助和指导，引导孩子自己思考和解决问题。

权威型家庭教育能够增强儿童自信，在权威型家庭中成长的孩子，由于得到父母的尊重和支持，往往能够形成较强的自信心和自尊心。这有助于孩子学

会与他人交往、合作和分享，培养良好的社交能力。孩子能够在明确的规则和期望下，逐渐学会对自己的行为负责，形成责任感。权威型家庭教育被认为有助于预防儿童出现心理问题，如抑郁、焦虑等。

权威型家庭教育的实践建议：保持耐心和理解，父母在与孩子沟通时，应保持耐心和理解，尊重孩子的个性和需求。设定合理的期望，父母应根据孩子的实际情况设定合理的期望，避免给孩子带来过大的压力。提供支持和鼓励，当孩子遇到挑战时，父母应提供支持和鼓励，帮助孩子建立积极的心态和解决问题的能力。父母在实践中应注重平衡权威与尊重、设定合理期望与提供支持之间的关系，以促进孩子的全面发展。

二、放任型家庭教育与儿童心理健康

放任型家庭教育是指父母对子女采取接受和服从态度的教育方式，父母对孩子的言行不闻不问、放任自流，不对孩子进行控制，也很少对孩子有什么要求。在这种类型的家庭中，父母缺乏有关孩子身心发展规律的知识，总认为孩子年龄小，不懂事，长大自然会好的。放任型家庭往往没有明确的规矩和纪律，对孩子的行为缺乏约束力。放任型家长通常忽视孩子的情感需求，不关注孩子的成长和发展。放任型家长不会干预孩子的行为，无论是好是坏都袖手旁观。放任型家长很少给予孩子正确的引导，通常任由孩子自己决定做什么事情。放任型家长对孩子的错误行为通常过度宽容，很少给予惩罚或批评。

由于缺乏规矩和纪律，放任型家庭培养出的孩子可能以自我为中心和自私，不考虑他人的感受和需要。放任型家庭中的孩子由于父母不会对其行为做出约束，可能会导致孩子缺乏责任感和自律性。部分孩子可能会逃避责任或者不知道自己应该做什么。部分孩子没有规则的束缚，可能会出现违规行为，如过度奢侈的消费，甚至随意吸烟、喝酒等。父母不对孩子的学习进行引导和监督，部分孩子可能没有明确的学习目标和学习方法，导致学习成绩下降。部分孩子可能无法克制自己，不停地做出令人质疑的决定，这可能会导致他们在人际关系中失去朋友，感到孤独和社交价值不足。

父母应设定合理的规矩和纪律，并确保孩子理解和遵守。父母应多关心孩子的成长和发展，与孩子进行情感交流。父母应对孩子的行为进行适当的干预和引导，确保孩子的行为符合社会规范。对于孩子的错误行为，父母应给予适当的惩罚或批评，让孩子认识到错误并改正。父母与孩子之间应建立良好的沟通机制，让孩子知道父母始终关注着他们。放任型家庭教育方式可能会对孩子的心理健康产生负面影响。父母应尽量避免这种教育方式的出现，通过设定明确的规矩和纪律、关注孩子的情感需求、适当干预和引导以及加强沟通等方式来保障孩子的健康成长。

三、专制型家庭教育与儿童心理健康

专制型家庭教育是指父母对子女教养持支配和拒绝态度的教育方式。父母对孩子的行为有高度的控制欲，孩子的日常生活、学习习惯、兴趣爱好以及未来的职业选择等都会受到父母的严格干涉和限制。父母在理性控制方面较差，对孩子的行为往往采取强制性的手段，不允许孩子有自己的想法和选择。专制型家庭中的父母往往不善于表达对孩子的关爱，甚至可能对孩子的需求表现出冷漠或拒绝的态度。孩子被要求无条件服从父母的意愿，任何与父母意见相左的行为都会受到批评或惩罚。孩子的行为和选择受到严格限制，很难有自己的发展空间。

在专制型家庭中成长的孩子，由于长期处于紧张、压抑的环境中，可能会情绪不稳定，容易出现焦虑、抑郁等心理问题。部分孩子因为害怕受到父母的惩罚或批评，往往表现出恐惧、胆怯的性格特点，缺乏自信和勇气。由于父母缺乏对孩子的关爱，部分孩子也可能变得情感冷漠，对他人缺乏同情心和爱心。由于长期受到父母的严格限制，部分孩子可能产生逆反心理，表现出对父母的抗拒和不满。在专制型家庭中，部分孩子缺乏与他人合作的能力，因为他们习惯于按照父母的意愿行事，不善于与他人沟通和协商。

父母应尊重孩子的个性和需求，给予孩子适当的自由和空间，允许他们表达自己的想法和选择。父母应加强与孩子的情感交流，表达对孩子的关爱，让孩子感受到家庭的温暖和支持。父母应鼓励孩子表达自己的观点和感受，尊重他们的意见和选择，避免过度干涉和控制。父母应培养孩子的独立性和自主性，让他们学会自己解决问题和面对挑战。如果孩子的心理问题较为严重，父母应及时寻求专业心理咨询师的帮助，共同促进孩子的心理健康发展。

四、民主型家庭教育与儿童心理健康

民主型家庭教育是指父母在家庭中采取一种基于民主原则和价值观的教育方式，强调父母与孩子之间的平等、尊重和理解。民主型家庭注重建立平等的家庭关系，父母尊重孩子的个性和意愿，给予孩子足够的自由和选择权。孩子在这种环境下能够自由地表达自己的想法和感受，父母会认真倾听并给予理解和支持。民主型家庭鼓励孩子积极探索和尝试新事物，父母会提供必要的资源和支持，帮助孩子实现自己的梦想和目标。这种教育方式有助于培养孩子的创新精神和探索精神。民主型家庭注重家庭成员之间的积极沟通，父母会与孩子保持密切的交流，及时了解孩子的想法和需求。父母也会与孩子共同制定家庭规则和目标，让孩子感受到自己的参与感和责任感。民主型家庭在尊重孩子的基础上，也会给予孩子适度的引导和支持。父母会根据孩子的实际情况，制订合适的教育计划和策略，帮助孩子健康成长。

在民主型家庭中成长的孩子，由于得到父母的尊重和支持，往往能够形成较强的自信心和自尊心。他们相信自己能够做好事情，有勇气面对挑战和困难。民主型家庭注重培养孩子的社交能力，让孩子学会与他人交往、合作和分享。这种教育方式有助于孩子建立良好的人际关系，提高社会适应能力。在民主型家庭中，孩子需要参与家庭事务的决策和执行，这种参与感让他们逐渐形成责任感。他们会对自己的行为负责，对家庭和社会产生积极影响。民主型家庭注重培养孩子的心理素质，让孩子学会应对压力、挫折和失败。这种教育方式有助于孩子形成积极的心态和情绪调节能力，提高心理健康水平。

民主型家庭教育是一种有利于儿童心理健康发展的教育方式。它通过平等、尊重、鼓励、沟通和引导等方式，促进孩子的全面发展。在民主型家庭中成长的孩子往往具备较强的自信心、社交能力、责任感和心理素质，能够更好地适应社会和面对生活中的挑战。因此，家长应该注重营造民主型家庭氛围，为孩子提供健康、和谐、积极的成长环境。

第二节　加强家庭教育系统性指导与儿童心理健康的关系

家庭教育系统性指导的加强能够进一步提高家庭教育的质量，进一步促进儿童心理健康的全面发展。本节将详细探讨加强家庭教育系统性指导与儿童心理健康之间的关系，并从多个角度进行分析。

一、家庭教育系统性指导的必要性

（一）家庭教育面临的挑战

在当前社会环境下，家庭教育面临着多重挑战，这些挑战直接影响了家庭教育的质量和儿童心理健康的发展。随着社会的快速发展，家长承受着越来越大的工作压力和生活压力，导致部分家长与孩子之间的沟通变得匮乏，亲子关系出现紧张、疏远的现象。这种紧张的亲子关系不利于儿童的心理健康发展，可能引发孩子的焦虑、抑郁等情绪问题。现代社会的教育理念变得日益多元化，不同的家长可能采取不同的教育方式和方法。这种多元化的教育理念使孩子容易感到困惑和迷茫，不利于他们形成稳定的价值观和世界观。家长在众多的教育理念中找到适合自己家庭的教育方向变得尤为重要。

互联网的普及使得孩子能够接触到更广泛的信息，但也带来了诸多负面影响，如网络沉迷、不良信息等。这些不良影响给家庭教育带来了更大的挑战，家长需要花费更多的时间和精力来引导孩子正确使用网络，帮助他们树立正确的价值观和世界观。现代社会的生活节奏越来越快，家长往往忙于工作，很难有足够的时间和精力来关注孩子的教育和成长。这种快节奏的生活方式导致家庭教育的时间和空间受到压缩，不利于儿童的全面发展和心理健康。

家庭教育资源的分布存在不均衡现象，一些家庭缺乏优质的教育资源和专业的教育指导。这种不均衡导致部分家庭在家庭教育上缺乏科学性和系统性，难以有效促进儿童的心理健康发展。家庭教育面临着多方面的挑战。为了应对这些挑战，加强家庭教育的系统性指导显得尤为重要。系统性的指导可以帮助家长更好地了解儿童心理发展的特点和规律，掌握科学的教育方法和技巧，提升家庭教育的质量和效果，从而促进儿童的心理健康发展。

（二）家庭教育系统性指导的意义

家庭教育系统性指导的意义在于它能够为家长提供一套全面、科学、系统的家庭教育指导方案，有助于解决当前家庭教育面临的种种挑战，进一步促进儿童心理健康的全面发展。它也有助于提高家长的教育能力、优化家庭教育环境、促进儿童全面发展、缓解教育压力以及增强社会支持。家庭教育系统性指导能够为家长提供基于儿童心理发展特点和规律的科学教育方法。这些方法经过专业研究和验证，具有针对性和实效性，能够帮助家长更加有效地教育孩子，避免走弯路和进入误区。通过家庭教育系统性指导，家长可以学习到更多的教育知识和技能，提高自身的教育能力。他们可以更好地理解孩子的需求，掌握与孩子沟通的技巧，建立更加和谐、亲密的亲子关系。

家庭教育系统性指导强调家庭环境的重要性，并提供相应的优化策略。家长可以根据指导内容，改善家庭氛围，营造更加有利于儿童心理健康发展的家庭环境。这有助于减少家庭冲突，增强家庭凝聚力，为孩子提供一个温馨、安全的成长环境。家庭教育系统性指导不仅关注儿童的心理健康，还关注儿童的身体健康、知识学习、道德品质等方面的发展。通过指导，家长可以更加全面地关注孩子的成长，促进儿童的全面发展。这有助于孩子形成健全的人格，提高未来的社会适应能力。在当前社会环境下，家长面临着较大的教育压力。家庭教育系统性指导能够为家长提供具体的指导和支持，帮助他们减轻教育压力，更好地应对各种教育挑战。这有助于缓解家长的焦虑情绪，提高家庭教育的质量。

家庭教育系统性指导的推广和实施需要社会各界的支持和参与。通过加强社会宣传和教育，可以提高公众对家庭教育重要性的认识，增强社会对家庭教育的支持和关注。这有助于形成全社会共同关注、支持家庭教育的良好氛围。

二、家庭教育系统性指导的内容

（一）家庭教育观念的更新

在加强家庭教育的系统性指导中，家庭教育观念的更新是首要且关键的一环。传统的家庭教育观念往往过于注重学业成绩，而忽视孩子的情感、心理、社交等方面的发展。在系统性指导中，应强调树立全面发展的教育观念，关注孩子的身心健康、兴趣爱好、道德品质等多方面的培养。每个孩子都是独一无二的，他们具有不同的天赋、性格和兴趣。家庭教育系统性指导强调尊重孩子的个体差异，避免“一刀切”的教育方式，鼓励家长根据孩子的实际情况制订个性化的教育计划。家庭教育不是随意的、经验性的，而是需要依据儿童心理发展的规律和特点来进行。家庭教育系统性指导要求家长学习科学的教育方法，如情感沟通、行为塑造、习惯培养等，使家庭教育更加科学、有效。

家庭是孩子成长的摇篮，家长是孩子成长的第一责任人，家庭教育系统性指导强调家长应担负起家庭教育的责任，不仅要关注孩子的学业成绩，更要关注孩子的身心健康和全面发展。亲子关系是家庭教育的基础，也是影响儿童心理健康的重要因素。家庭教育系统性指导鼓励家长与孩子建立亲密、信任、尊重的亲子关系，通过有效的沟通和交流，了解孩子的需求和困惑，给予孩子足够的支持和关爱。在知识爆炸的时代，自主学习能力是孩子未来发展的重要保障。家庭教育系统性指导鼓励家长培养孩子的学习兴趣和自主学习能力，让孩子学会独立思考、自主解决问题，为未来的学习和生活打下坚实的基础。通过更新家庭教育观念，家长能够更加全面、科学地看待家庭教育问题，为孩子的心理健康和全面发展提供有力的保障。

（二）家庭教育方法的培训

家庭教育方法的培训要从了解儿童心理发展的特点开始，包括了解儿童在不同年龄阶段的心理变化、需求以及行为特点。通过深入了解儿童心理，家长可以更好地理解孩子的行为模式，从而制定出更有效的教育方法。有效的亲子沟通是家庭教育成功的关键。在培训中，应教授家长如何与孩子建立积极的沟通渠道，如倾听孩子的想法、尊重孩子的意见、给予孩子适当的反馈等。通过积极的沟通，家长可以增进与孩子的情感联系，了解孩子的内心需求，从而更有效地进行教育。良好的习惯是孩子未来成功的基石。在培训中，应教授家长如何引导孩子养成良好的习惯，如定时复习、独立完成作业、自我管理等。通过培养良好的习惯，孩子可以更加自律、自信地面对未来的学习和生活。学习兴趣是孩子主动学习的动力。在培训中，应教授家长如何激发孩子的学习兴趣，如利用孩子的兴趣点进行引导、鼓励孩子探索未知领域、与孩子共同学习等。通过激发学习兴趣，孩子可以更加主动地投入学习，提高学习效果。

家长应根据孩子的实际情况设置合理的目标和期望。在培训中，应教授家长如何制定目标、如何调整期望以及如何给予孩子适当的奖励和惩罚。通过合理的目标和期望设置，孩子可以更加明确自己的方向，增强自信心和动力。在培训中，应强调家长在孩子成长过程中的情感支持作用，教授家长如何给予孩子关爱、如何理解孩子的情感需求以及如何处理孩子的情感问题。通过提供情感支持和关爱，孩子可以更加健康地成长，形成健全的人格。通过培训，家长可以学习到更加科学、有效的家庭教育方法，从而更好地促进孩子的心理健康和全面发展。

（三）家庭教育资源的整合

家庭教育资源的整合是指通过合理调配和利用各种资源，为儿童提供一个更加全面、优质的教育环境，进而促进儿童的心理健康和全面发展。家庭内部资源的整合包括家庭成员的分工合作、共同制订教育计划和目标、营造和谐的家庭氛围等。家长可以根据自身的特长和爱好，合理分配教育任务，如父亲负责孩子的体育活动，母亲负责孩子的文化课学习等。家长之间要加强沟通与协作，共同为孩子的成长创造良好的家庭环境。外部资源包括学校资源、社区资源、网络资源等。家长应积极与学校合作，了解学校的教育理念和教学资源，参与家长会、家校互动等活动，关注孩子的成长。社区也是重要的教育资源库，家长可以在社区中寻找各类兴趣班和培训机构，让孩子参加音乐、体育、艺术等方面的活动，丰富孩子的课余生活。互联网也为家庭教育提供了丰富的信息资源和教育工具，家长可以利用互联网查找教育资料、学习教育知识、参与在线教育课程等。

在整合家庭教育资源的过程中，要注意资源的优化利用。这包括根据孩子的兴趣和需求选择适合的教育资源、合理安排孩子的学习时间和活动计划、注重资源的可持续性利用等。优化利用资源可以提高家庭教育的效率和质量，为孩子的心理健康和全面发展提供更好的保障。为了更好地整合和利用家庭教育资源，可以建立资源共享机制。这包括家长之间的资源共享、学校与社区之间的资源共享等。共享机制可以实现资源的互通有无、优势互补，为家庭教育提供更加丰富的资源和支持。

（四）家庭教育支持与服务的提供

家庭教育支持与服务的提供是加强家庭教育系统性指导的关键环节，它旨在通过提供全面、及时、有效的支持和服务，帮助家长更好地履行教育职责，促进儿童心理健康和全面发展。建立专门的家庭教育支持中心可以为家长提供一站式的咨询和服务。该中心可以配备专业的家庭教育指导师或心理咨询师，为家长提供个性化的家庭教育指导和心理咨询服务。针对不同年龄段和发展阶段的孩子，提供多样化的家庭教育课程。这些课程可以涵盖儿童心理发展、学习习惯培养、情绪管理、亲子沟通等方面，帮助家长掌握科学的教育方法和技巧。定期举办家庭教育讲座和研讨会，邀请教育专家、学者或成功家长分享他们的教育经验和心得。这些活动可以为家长提供一个交流和学习的平台，帮助他们不断更新教育观念和方法。利用互联网技术，建立家庭教育网络平台。通过该平台，家长可以获取丰富的家庭教育资源、在线观看教育课程、参与教育讨论等。该平台还可以为家长提供个性化的教育指导和咨询服务。加强学校与家庭之间的合作，双方共同关注孩子的成长和发展。学校可以定期举办家长会、家长学校等活动，与家长分享孩子在校的表现和需要改进的方面。家长也可以积极参与学校的各项活动，了解学校的教育理念和教育方式。

针对家长和孩子可能面临的情绪问题和心理困扰，提供情绪支持和心理辅导服务。这包括提供心理热线、心理咨询室等，让家长和孩子可以随时寻求帮助和支持。鼓励家长之间建立互助组织，如家长委员会、家长志愿者团队等。这些组织可以为家长提供一个互相学习、互相帮助的平台，促进家长之间的交流和合作。

通过设立家庭教育支持中心、提供多样化的家庭教育课程、开展家庭教育讲座和研讨会、建立家庭教育网络平台、加强家校合作、提供情绪支持和心理辅导以及建立家长互助组织等方式，可以为家长提供全面、及时、有效的支持和服务，帮助他们更好地履行教育职责，促进儿童心理健康和全面发展。

三、家庭教育系统性指导的具体实践

（一）家庭教育系统性指导如何促进儿童心理健康

通过家庭教育系统性指导，家长可以更加注重孩子健康人格的塑造。这包括培养孩子的自尊、自信、自爱，以及积极的世界观和价值观。健康的人格是孩子心理健康的基础，有助于他们更好地适应社会和应对生活中的各种情况。家庭教育系统性指导鼓励家长与孩子建立亲密、信任、尊重的亲子关系，有助于孩子感受到家庭的温暖和支持，促进他们的情感发展和心理健康。家庭教育系统性指导注重孩子的全面发展，包括学业、情感、社交、身体等方面。这种全面的发展有助于孩子更好地认识自己、发掘自己的潜力，并在各个方面都取得良好的表现。家庭教育系统性指导为家长提供科学的教育方法，如情感沟通、行为塑造、习惯培养等。这些方法有助于家长更加有效地教育孩子，避免使用不当的教育方式对孩子造成负面影响。通过家庭教育系统性指导，家长可以教育孩子如何面对挫折和失败。这有助于孩子形成坚韧不拔的品质，增强他们应对挫折的能力，从而在面对生活中的挑战时更加从容和自信。家庭教育系统性指导注重提升家庭教育的质量，包括教育内容的科学性、教育方法的适宜性、教育环境的和谐性等。这有助于为孩子创造一个更加优质的教育环境，促进他们的心理健康和全面发展。

家庭教育系统性指导通过提供情感支持和安全感、塑造健康的人格、培养积极的亲子关系、促进孩子全面发展、提供科学的教育方法、增强孩子的应对挫折能力以及提升家庭教育的质量等方式，对儿童的心理健康产生积极的影响。

（二）家庭教育系统性指导在促进儿童心理健康中的应用

案例一：建立积极亲子关系，促进儿童情绪管理。小明，一名8岁的男孩，因家庭变故，近期表现出焦虑、易怒等情绪问题，学习成绩也有所下滑。家长被指导学习有效的情感沟通技巧，如倾听、理解、反馈等，以增进与小明之间的情感连接。家长学习如何帮助小明识别情绪、表达情绪，并教授他有效的情绪调节方法，如深呼吸、积极想象等。家庭教育系统性指导建议家长安排与小明共同参与的活动，如户外运动、家庭游戏等，以增强亲子间的互动和信任。经过一段时间的家庭教育系统性指导，小明的情绪问题得到了明显缓解。他变得更加开朗、乐观，能够积极面对生活中的挑战，学习成绩也有所回升。

案例二：合理引导，纠正儿童不良行为。小红，一名10岁的女孩，因长期受到家长溺爱，表现出任性、自私等不良行为。明确家庭规则：与家长共同制定明确的家庭规则，确保小红了解并遵守这些规则。家长学习如何正确引导小红的行为，包括正向激励、适度惩罚等。鼓励小红进行自我反省，认识到自己的不良行为，并学习如何改正。经过家庭教育系统性指导，小红的不良行为得到了有效纠正。她变得更加懂事、体贴，能够主动关心家人，并在学校中赢得了老师和同学的认可。

案例三：家庭教育系统性指导促进儿童情绪稳定。小刚，一名10岁的男孩，情绪容易波动，经常因为小事发脾气或哭闹。这给他的学习和生活带来了很大的困扰。家长教会小刚如何识别自己的情绪，并鼓励他用恰当的方式表达自己的情绪，如说话、绘画、写日记等。家长向小刚传授一些情绪调节技巧，如深呼吸、放松训练、积极思考等，帮助他稳定情绪。家长努力营造一个和谐、温馨的家庭氛围，减少家庭冲突和矛盾，为小刚提供一个良好的成长环境。通过家庭教育系统性指导，小刚的情绪得到了有效的调节。他学会了控制自己的情绪，不再因为小事发脾气或哭闹。他的情绪变得更加稳定，学习和生活也更加顺利。他也更加珍惜家庭的和睦氛围，与家人的关系更加融洽。

案例四：家庭教育系统性指导帮助儿童建立自信心。小丽，一名12岁的女孩，因为性格内向、缺乏自信，在社交和学业上都遇到了困难。她常常不敢表达自己的观点，担心被同学嘲笑或批评。家长被指导帮助小丽认识自己的优点和长处，并学会用积极的语言描述自己。每当小丽取得进步或完成一项任务时，家长都给予及时的鼓励和表扬，让她感受到自己的价值。家长陪伴小丽参加一些社交活动，如小组讨论、团队游戏等，帮助她学习如何与他人有效沟通，增强她的社交能力。经过一段时间的家庭教育系统性指导，小丽的自信心得到了显著提高。她敢于在课堂上表达自己的观点，积极参与小组讨论，与同学的交往也更加融洽。她的学业成绩也随之提升，获得了老师和同学的认可。

（三）加强家庭教育系统性指导的方向与建议

随着社会对儿童心理健康重视程度的不断提升，加强家庭教育系统性指导显得越来越重要。应该加强家长对家庭教育重要性的认识，使其充分认识到家庭教育对孩子心理健康的深远影响。提供定期的家庭教育培训，帮助家长掌握科学的教育方法和技巧，提升家长的教育素养。鼓励家长积极参与孩子的成长过程，与孩子建立良好的亲子关系，为孩子提供情感支持和安全感。建立健全家庭教育服务体系，为家长提供全面、系统的家庭教育指导服务。针对不同年龄段、不同需求的儿童，要制定个性化的家庭教育指导方案，确保指导的针对性和有效性。还要加强与学校、社区等机构的合作，形成家庭、学校、社区共同育人的良好局面。

可以借助互联网、大数据等现代科技手段，开展线上家庭教育指导服务，提高指导的便捷性和扩大指导的覆盖面。开发家庭教育App、在线教育平台等，为家长提供丰富的学习资源和互动交流机会。利用虚拟现实、人工智能等技术手段，为家长提供模拟家庭教育场景的体验式学习机会。

政府应加大对家庭教育系统性指导的投入力度，提供必要的政策支持和资金保障。鼓励社会资本进入家庭教育领域，推动家庭教育市场化、产业化发展。建立健全家庭教育指导服务评价体系和激励机制，激发家庭教育服务机构和人员的积极性和创造性。

第七章　家校合作共育模式下的儿童心理健康教育

随着社会的快速发展和竞争的日益激烈，儿童心理健康问题逐渐受到广泛关注。儿童心理健康不仅关系到儿童个人的成长和发展，也直接影响到家庭的和谐与社会的稳定。加强儿童心理健康教育，提升儿童心理素质，成为当今社会的重要课题。家校合作共育模式是一种有效的教育形式，在儿童心理健康教育中发挥着主要作用。家庭和学校是儿童成长的主要场所，两者在儿童心理健康教育中都扮演着不可替代的角色。通过家校之间的紧密合作，家长和教师可以共同关注儿童的心理需求，及时发现和解决儿童的心理问题，为儿童提供一个健康、安全的成长环境。家校合作共育模式在实施过程中也面临着诸多挑战。如何建立有效的沟通机制、整合家校教育资源、明确双方的角色定位等问题，都需要我们进行深入的思考和探索。本章将重点探讨家校合作共育模式在儿童心理健康教育中的重要性，家庭教育与学校教育如何进行衔接与互动，并分享共育模式下的儿童心理健康教育策略，以期为儿童心理健康教育的实践提供有益的参考和借鉴。

第一节　家校合作共育的重要性

在探讨儿童心理健康教育的诸多途径中，家校合作共育模式以其独特的优势而备受关注。家庭和学校作为儿童成长过程中的两个关键场所，各自承载着不同的教育职责，而家校合作共育则是将这两个场所的教育资源、教育力量进行有效整合，共同促进儿童心理健康的全面发展。家庭是儿童最初接触社会的场所，是儿童情感、价值观和行为习惯形成的重要基地。父母是孩子的第一任教育者，他们的言传身教、情感关怀以及家庭氛围的营造，都对儿童的心理发展产生着深远的影响。随着社会的快速发展，家庭教育也面临着诸多挑战。

学校是专门的教育机构，拥有专业的教育资源和师资力量，能够为儿童提供系统、全面的心理健康教育。学校通过开设心理健康教育课程、组织心理健康活动等方式，帮助儿童了解心理健康知识，掌握自我调节技能，培养积极的心态和良好的心理素质。学校教育的效果也受到多种因素的影响，如教育资源的分配、教师的教学能力、儿童的学习态度等。家庭教育和学校教育在各自发挥优势的同时，也存在一定的局限性。而家校合作共育模式则能够有效弥补这些局限性，通过加强家庭和学校之间的沟通与协作，家长与教师共同关注儿童的心理需求，形成教育合力，为儿童提供一个更加全面、连续和一致的心理健康教育环境。这种教育环境不仅有助于儿童心理健康的全面发展，还能够提升家长和教师的教育能力，促进家校关系的和谐与发展。

一、家校合作共育的定义与内涵

（一）家校合作共育的基本概念

家校合作共育是指家庭与学校之间建立起一种紧密、协调、互补的教育合作关系，双方通过共同的目标、责任与行动，为儿童提供全面、连续、一致的心理健康教育。这一模式强调家庭与学校是儿童成长过程中的两个重要主体，应共同承担起促进儿童心理健康发展的责任。家庭与学校共同关注儿童心理健康，明确教育目标，确保教育方向的一致性。双方各自承担在儿童心理健康教育中的责任，形成优势互补，共同为儿童提供全面的教育支持。家庭与学校通过有效的沟通与合作，共同制订教育计划，共同实施教育活动，确保教育的连续性和一致性。家庭与学校相互分享教育资源，包括知识、技能、经验等，共同保证儿童心理健康教育的质量和效果。家庭与学校应相互理解、尊重和支持，形成良性的互动关系，共同为儿童的健康成长创造良好的教育环境。

通过家校合作共育，家庭与学校能够充分发挥各自的优势，形成教育合力，共同推动儿童心理健康教育的深入发展，不仅有利于儿童心理健康的全面发展，还有助于提高家长和教师的教育能力，促进家校关系的和谐与发展。

（二）家校合作共育的核心理念

家校合作共育的核心理念是强调家庭与学校之间共同承担对孩子的教育责

任，通过相互合作、共同努力，确保孩子得到全面的教育，在于构建一种以孩子为中心，家庭与学校相互支持、相互补充的教育模式，旨在促进孩子的全面发展，特别是心理健康的发展。家校合作共育强调家长和教师都是孩子成长过程中的重要教育者，双方应共同承担对孩子的教育责任。这意味着家长需要积极参与孩子的教育过程，与学校建立良好的合作关系，共同关注孩子的成长与发展。为了实现孩子的全面发展，家庭和学校需要相互合作、共同努力。这种合作不仅包括教育资源的共享，还包括教育方法和策略的协商与制定。双方的共同努力可以确保孩子在家庭和学校两个环境中都能得到一致、连贯的教育。

家校合作共育的最终目的是确保孩子得到全面的教育。这包括知识、技能、情感、价值观等多个方面的发展。通过家庭与学校的紧密合作，家长和教师可以共同制订教育计划，为孩子提供更加丰富、多样的教育内容和形式，促进其全面发展。家校合作共育强调以孩子为中心的教育理念。这意味着在教育过程中，应充分考虑孩子的个性、兴趣、需求和发展阶段，尊重孩子的主体地位，激发其自主学习和探索的意愿。家庭和学校也应共同关注孩子的心理健康，及时发现和解决其可能存在的心理问题。

家校合作共育强调家庭与学校之间的互补性。家庭可以为孩子提供温馨、和谐的家庭环境，促进其情感和社会性的发展；学校可以为孩子提供系统、全面的教育，促进其知识、技能等方面的发展。双方的相互支持和补充可以形成更加完善的教育体系，为孩子提供更加全面、优质的教育资源。家校合作共育的核心理念强调了家庭与学校之间的紧密合作和共同责任，旨在通过双方的共同努力和支持，促进孩子的全面发展，特别是心理健康的发展。

（三）家校合作共育的参与主体与角色

家长是家庭中的主要教育者，他们不仅需要为孩子提供物质和情感上的支持，还需要积极参与到孩子的心理健康教育过程中，如与孩子进行日常沟通、关注孩子的情绪变化、鼓励孩子表达情感等。在某些情况下，家长还可以成为志愿者或助教参与到学校的教育活动中，协助教师开展心理健康教育的相关课程和活动。

教师在家校合作共育中扮演着引导者和指导者的角色。他们不仅需要在课堂上传授心理健康知识，还需要与家长保持密切联系，共同关注孩子的心理健康状况。教师还需要不断提升自身的教育素养，以更好地指导家长参与到孩子的心理健康教育过程中。学校管理者在家校合作共育中扮演着协调者和组织者的角色。他们需要制定和执行相关政策，推动家校合作共育的深入发展。他们还需要与教师和家长建立良好的沟通机制，确保信息的畅通和共享。

在部分学校中，心理咨询师或专家也是家校合作共育的重要参与者。他们可以为家长、教师和儿童提供专业的心理健康咨询和指导服务，帮助他们更好地理解和应对心理健康问题。社区虽然不是直接参与家校合作共育的主体，但其在提供教育资源、组织相关活动等方面发挥着重要作用。社区可以通过组织亲子活动、心理健康讲座等方式，为家长和孩子提供更多的心理健康教育机会。

家校合作共育模式下的儿童心理健康教育是一个多主体参与、多角色互动的过程。每个主体和角色都不可或缺，共同为孩子的心理健康发展贡献力量。明确各主体和角色的职责和任务，可以更好地推动家校合作共育的深入发展，为儿童的健康成长创造更加良好的环境。

（四）家校合作共育的目标与任务

目标：确保儿童在心理、情感、社交等方面得到全面而健康的发展。这包括培养儿童积极的心态、良好的情绪管理能力、有效的沟通技巧以及解决问题的能力等。通过家校合作共育，儿童能够在家庭和学校两个环境中得到一致的教育和引导，从而更好地适应社会环境，建立积极的人际关系，并具备应对挑战和困难的能力。家校合作共育不仅关注儿童的发展，也注重提升家长和教师的教育能力。通过合作，家长可以学习到更多的教育方法和技巧，教师可以更好地了解儿童在家庭环境中的表现和需求，从而为其提供更有针对性的教育支持。

任务：家校合作共育需要建立有效的沟通机制，确保家长、教师、儿童之间的信息畅通。其中包括定期的家访、家长会、电话沟通等方式，以便教师和家长及时了解儿童的心理状况和学习进展。家校双方需要共同制订针对儿童心理健康的教育计划，并确保计划的实施。这包括课程设置、活动安排、教学资源等方面，旨在为儿童提供全面、连续、一致的心理健康教育。家庭和学校各自拥有不同的教育资源，如家长的经验、教师的专业知识等。通过家校合作共育，双方可以共享这些资源，共同为儿童提供更加丰富、多样的教育内容和形式。家校双方需要共同关注儿童的心理健康状况，为儿童提供必要的心理支持和帮助。这包括心理咨询、心理干预等方式，旨在帮助儿童解决心理问题，促进其心理健康的发展。

家校合作共育模式下的儿童心理健康教育旨在通过家庭与学校的紧密合作，共同促进儿童心理健康的全面发展。家校合作共育需要教师与家长双方建立有效的沟通机制、制订并实施教育计划、共享教育资源以及提供心理健康支持。这些任务的完成，可以确保儿童在家庭和学校两个环境中得到一致、连贯的心理健康教育，为其未来的成长和发展奠定坚实的基础。

二、家校合作共育在儿童心理健康教育中的作用

（一）促进儿童心理健康的全面发展

家校合作共育能够确保家庭教育和学校教育在内容、方法和目标上的一致性，为儿童营造一个连续、稳定的教育环境，有利于儿童心理健康的持续发展。家庭和学校各自在心理健康教育方面具有不同的优势和掌握不同的资源。家庭能够提供情感支持和日常观察，而学校则能提供专业的心理健康教育和心理咨询服务。家校合作共育能够整合这些资源，为儿童提供全面的教育支持，满足其心理健康发展的多样化需求。家校合作共育注重培养儿童的心理适应能力，包括情绪管理、人际交往、问题解决等方面的能力。通过家庭和学校的共同努力，儿童能够学会更好地应对生活中的挑战和困难，形成积极、健康的心态。通过合作，家长可以学习到更多的教育方法和技巧，而教师则可以更好地了解儿童在家庭环境中的表现和需求，从而提供更加有针对性的教育支持。这种教育能力的提升有助于更好地促进儿童心理健康的发展。家校合作共育在儿童心理健康教育中的作用主要体现在营造连续的教育环境、提供全面的教育支持、增强儿童的心理适应能力和促进家长和教师的教育能力提升等方面，家校双方共同促进了儿童心理健康的全面发展。

（二）提高儿童心理健康教育的针对性和实效性

通过家校合作，家长和教师能够更深入地了解儿童在家庭和学校中的表现和需求。这种深入的了解使得心理健康教育能够更贴近儿童的实际情况，更加具有针对性。家长在日常生活中观察到的儿童心理变化，以及教师在学校环境中观察到的儿童行为表现，都可以作为心理健康教育的重要参考。家校合作共育模式能够实现教育资源的共享与优化。家庭和学校各自拥有独特的教育资源和经验，通过合作，这些资源可以得到有效整合，为儿童提供更加丰富、多样的心理健康教育内容和形式。例如，家长可以分享家庭教育的成功案例和方法，教师可以提供专业的心理健康知识和技巧。家校合作共育促进了教育方法的创新。家庭和学校的共同探索可以形成更多符合儿童心理发展特点的教育方法和策略。这些方法可能包括角色扮演、情景模拟、小组讨论等，旨在提高儿童对心理健康教育的兴趣和参与度。

家校合作共育有助于及时发现和解决儿童在心理健康方面的问题，家长和教师可以通过日常交流和观察，发现儿童可能出现的心理问题或困扰，并及时进行干预和指导。这种及时的发现和解决可以避免问题恶化，提高心理健康教育的实效性。家校合作共育在儿童心理健康教育中的重要作用之一是提高其针对性和实效性。通过深入了解儿童需求、资源共享与优化、教育方法的创新以及问题及时发现与解决等方面，家校合作共育能够确保心理健康教育更加贴近儿童的实际情况，更加具有针对性和实效性。

（三）增强家长和教师的心理健康教育能力

家校合作共育为家长和教师提供了一个交流学习的平台。通过定期的家长会、工作坊、研讨会等活动，家长可以学习到专业的心理健康知识，了解儿童心理发展的特点和规律；而教师则可以分享他们在学校教育中积累的经验和技巧。知识的共享与更新有助于家长和教师更好地理解和应对儿童的心理问题，提高他们的心理健康教育能力。除了理论知识的学习，家校合作共育还注重实践技能的培养。家长可以学习如何与儿童有效沟通、如何识别和处理儿童的情绪问题、如何营造有利于儿童心理健康成长的家庭环境等；而教师则可以学习如何设计心理健康教育课程、如何组织心理健康教育活动、如何评估儿童的心理健康状况等。实践技能的培养有助于家长和教师更好地将理论知识应用于实际教育，提高他们的心理健康教育能力。

在家校合作共育的过程中，家长和教师会面临各种儿童心理健康问题。通过共同讨论、研究和探索解决方案，家长和教师能够相互学习、相互借鉴，共同提高解决问题的能力。这种共同解决问题的过程不仅有助于增强家长和教师的心理健康教育能力，还能够促进他们之间的合作与信任，为儿童心理健康教育的深入开展奠定坚实的基础。家校合作共育是一个持续的过程，需要家长和教师不断地学习和成长。通过参加培训、阅读相关书籍和文章、分享经验和教训等方式，家长和教师能够不断更新自己的知识和技能，提高自己的心理健康教育能力。这种持续学习与成长的过程有助于家长和教师更好地适应儿童心理发展的变化，为他们提供更具有针对性和实效性的心理健康教育支持。

家校合作共育能够增强家长和教师的心理健康教育能力，为儿童心理健康教育的深入开展提供有力支持。通过知识共享与更新、技能培养与实践、共同解决问题以及持续学习与成长等方面的工作，家长和教师的心理健康教育能力可以得到全面提升，为儿童的健康成长创造更加良好的条件。

（四）构建良好的家校关系和教育生态

家校合作共育在儿童心理健康教育中的一个显著作用是构建良好的家校关系和教育生态。这种关系的建立有助于儿童心理健康的全面发展，对整个教育环境产生积极影响。家校合作共育鼓励家长和教师之间的频繁沟通与深入交流。这种沟通不仅限于学业成绩，更多地涉及儿童的心理健康、情感需求等方面。通过分享儿童在家庭和学校中的表现，家长和教师能够更全面地了解儿童的需求和困扰，从而共同制订更加符合儿童实际情况的教育计划。这种深入的沟通与理解有助于消除误解和隔阂，增强双方的合作意愿和信任。

家校合作共育使得家庭教育和学校教育不再是孤立的两个体系，而是形成了一个有机的整体。家长和教师在教育目标、内容和方法上达成一致，形成教育合力，共同为儿童的心理健康成长提供支持。教育合力能够确保儿童在家庭和学校中接受连贯、一致的教育，避免教育资源的浪费和冲突。良好的家校关系有助于营造和谐的教育环境。家长和教师之间的合作与信任能够激发儿童的学习兴趣和积极性，提高儿童的学习效果。家长和教师的行为示范也会对儿童产生积极影响，帮助儿童形成积极的人生观和价值观。这种和谐的教育环境有利于儿童的心理健康成长，为儿童的未来发展奠定坚实的基础。

儿童在成长过程中难免会遇到各种挑战和问题。家校合作共育使得家长和教师能够共同应对这些挑战和问题。通过分享经验、探讨解决方案、互相支持等方式，家长和教师能够共同为儿童提供及时、有效的帮助和支持。这种共同应对挑战与问题的过程不仅能够解决具体问题，还能够增强家长和教师的合作意识和能力，为双方未来的教育合作打下坚实基础。

三、家校合作共育模式的实施策略

（一）建立有效的沟通机制

在家校合作共育模式下，建立有效的沟通机制是确保合作顺利进行的关键。定期召开家长会，安排固定的时间，如每学期初、期中、期末，召开全校或班级家长会。家长会上，教师向家长介绍儿童的学习情况、心理健康状况以及需要家长配合的事项。家长也可以借此机会向教师反馈儿童在家的表现，共同商讨教育策略。使用家校联络本、电子邮件、即时通信软件等工具，家长和教师可以随时沟通交流。教师可以将儿童的日常表现、作业情况、心理变化等信息及时告知家长。家长也可以将儿童在家的表现、困惑等反馈给教师，以便教师及时调整教学策略。教师定期或不定期地到儿童家中进行家访，了解儿童的家庭环境、生活习惯、心理状况等。家访有助于加深教师对儿童的了解，也有助于家长感受到教师的关心和支持。家访过程中，教师和家长可以共同探讨儿童的教育问题，形成更加一致的教育观点。

学校邀请教育专家或资深教师为家长举办讲座或培训班，可以提高家长的教育水平。家长学校或培训班的内容可以涵盖儿童心理学、教育方法、沟通技巧等方面。通过培训，家长可以更好地理解孩子的心理需求，掌握科学的教育方法，提高与教师的沟通能力。学校成立由家长代表和教师代表组成的家校合作委员会，负责协调家校之间的合作事宜。家校合作委员会可以定期召开会议，讨论儿童心理健康教育的相关问题，制订合作计划。家校合作委员会的工作可以促进家长和教师之间的深入交流和合作，使双方共同推动儿童心理健康教育的发展。

（二）制定共同的教育目标

双方（家长和学校）应深刻认识到，制定共同的教育目标是促进儿童全面均衡发展的核心。这一目标不仅指引着儿童在知识、技能上的成长方向，更在情感、态度和价值观的塑造上发挥着关键作用。通过共同制定目标，家长和学校能够形成一致的教育理念和方法，为儿童提供一个更加和谐、统一的教育环境，从而更有效地促进儿童的全面发展。家长和学校应共同参与讨论，结合儿童的心理发展特点、家庭环境、学校教育资源等因素，制定符合儿童实际的教育目标。讨论过程中，双方应充分表达意见、协商，确保目标的科学性和可行性。教育目标应具体明确，具有可操作性和可衡量性。例如，可以制定具体的行为标准、情感发展目标等。通过量化指标，如儿童的情绪管理能力、社交技能、自信心等，学校和家长可以更加直观地评估教育目标的达成情况。家长和学校应根据共同制定的教育目标，各自承担相应的教育责任，形成教育合力。

家长在家庭环境中应注重培养儿童的情感、性格、行为习惯等方面的素质；学校则应在学校教育中加强心理健康教育，提高儿童的心理素质。双方应定期对教育目标的实施情况进行评估，了解目标的达成情况。根据评估结果，双方应及时调整教育策略和方法，确保教育目标的顺利实现。在制定教育目标时，可以参考其他成功的教育案例或经验，结合实际情况进行借鉴和创新。

（三）加强家长教育培训

通过培训，家长可以了解到儿童心理健康对孩子全面发展的影响，从而更加重视儿童的心理健康教育。家长教育培训可以传授家长关于儿童心理健康的基本知识，包括儿童心理发展的规律、常见的心理问题及其应对策略等。通过学习，家长可以更好地了解孩子的心理需求，及时发现和应对孩子的心理问题。家长教育培训还可以提高家长在儿童心理健康教育方面的技能，包括与孩子的沟通技巧、情绪管理方法、行为引导技巧等。通过培训，家长可以更加科学、有效地与孩子沟通，帮助孩子达到健康的心理状态。

通过培训，家长可以更加了解学校的教育理念和教育方法，从而更加支持学校的教育工作。家长也可以将自己在培训中学到的知识和技能应用到家庭教育中，与学校形成合力，共同促进孩子的心理健康发展。为确保家长教育培训的连续性和有效性，学校可以定期举办培训活动，包括专家讲座、案例分析、经验分享等形式。通过参加定期举办的培训活动，家长可以不断更新教育理念和方法，提高教育水平。家长教育培训可以利用多种渠道开展，如线上课程、线下讲座、家长会等。这些渠道可以根据家长的不同需求和实际情况进行选择，确保家长能够方便地参与到培训中来。

（四）整合家校教育资源

家庭和学校对各自拥有的教育资源进行识别，这可能包括教师、家长、心理咨询师、教育材料、教育软件、社区资源等。双方对这些资源进行评估，确定其可用性、有效性以及对儿童心理健康教育的潜在贡献。根据目标和评估结果，制订具体的资源整合计划，包括组织家长参与学校的教育活动、邀请专业心理咨询师为家长提供讲座或咨询服务、利用社区资源开展心理健康实践活动等。

按照计划，逐步实施资源整合。例如，学校可以定期设立家长开放日，让家长了解学校的教育活动和教学方法；也可以邀请家长参与学校的心理健康课程设计和实施过程。在实施资源整合计划的过程中，需要定期监督和评估其效果，可以通过收集家长、儿童和教师的反馈意见，观察儿童心理健康状况的变化等方式进行。根据评估结果，及时调整和完善资源整合计划，以确保其持续有效。在整合家校教育资源的过程中，可以充分利用现代科技手段，如互联网、移动应用等。这些手段可以方便家长和学校之间的信息交流和资源共享，提高资源整合的效率和效果。建立长效的合作机制可以确保家校教育资源的持续整合和有效利用。这包括建立定期沟通机制、制定合作协议、明确双方责任和义务等。

（五）建立评估与反馈机制

家校双方应共同设定儿童心理健康教育的评估目标，选择合适的评估工具和方法，如问卷调查、观察记录、心理测试等，以全面、客观地了解儿童的心理健康状况。可以根据儿童的不同年龄和阶段，制定个性化的评估方案。家校双方应定期（如每学期、每年）对儿童的心理健康状况进行评估。评估结果应为改进教育策略的重要依据，以促进儿童心理健康的持续提升。评估结果要及时反馈给家长和学校，让家长了解孩子的心理健康状况和学校的教育效果。可以通过家长会、家校联络本、电子邮件等方式进行反馈。家校双方应共同分析评估结果，找出存在的问题和不足。根据评估结果，制订具体的改进计划，包括调整教育内容、改进教育方法、加强家校沟通等。在实施改进计划后，家校双方应持续跟踪儿童的心理健康状况，并根据实际情况进行调整和优化。通过不断的评估、反馈和调整，确保儿童心理健康教育始终保持在最佳状态。在建立评估与反馈机制的过程中，可以充分利用现代科技手段，如在线评估系统、大数据分析等，以提高评估的效率和准确性。通过建立评估与反馈机制，家校双方可以及时了解儿童心理健康教育的实施效果，发现存在的问题和不足，并共同制订改进计划，从而确保儿童心理健康教育的持续有效进行。这不仅可以促进儿童的心理健康发展，还可以增强家校之间的信任和合作，为儿童的全面发展创造更加良好的环境。

四、家校合作共育面临的挑战与解决策略

（一）面临的挑战

在家校合作共育模式下，儿童心理健康教育面临着多重挑战，这些挑战来自不同的方面，需要家校双方共同应对和解决。家长和学校在教育观念上存在差异，家长可能更关注孩子的学业成绩，而学校则更加注重儿童的全面发展，包括心理的健康发展，这会导致家校合作过程中双方出现沟通和理解上的障碍。地区间、学校间在心理健康教育资源的配备上存在较大差异。一些学校可能缺乏必要的心理健康教育设施和专业人员，这限制了家校合作共育模式的实施效果。部分家长缺乏心理健康教育意识，或自身心理健康素养不足，难以承担起家庭教育的责任，导致家庭教育与学校教育在心理健康教育方面存在脱节现象。

有效的沟通是家校合作共育的基础，但现实中家校沟通渠道可能存在不畅的问题。例如，家长可能无法及时了解学校的教育动态和儿童的在校表现，学校也可能难以获得家长在家庭教育中的支持和配合。家长和学校在心理健康教育方面都需要专业的指导和支持。目前缺乏足够的专业人士和资源来满足这一

需求，导致家校合作的效果受到限制。

（二）解决策略

加强家校沟通与协作。学校设立定期的家校沟通会议或组织活动，如家长会、开放日等，让家长能够及时了解学校的教育政策、课程安排和儿童的在校表现。搭建线上沟通平台，如微信群、QQ群或学校官网的家长论坛，方便家长随时与学校沟通，交流教育心得和儿童的成长动态。鼓励家长参与学校的教育活动，如志愿者活动、亲子活动等，增强家长对学校的信任感和归属感。

提升家庭教育素养。学校开展家长教育培训，通过讲座、工作坊等形式，向家长传授儿童心理健康知识，提高家长的心理健康教育意识和能力。提供家庭教育资源包，包括书籍、视频教程、在线课程等，让家长能够自主学习和成长。鼓励家长分享自己的教育经验和心得，通过家长之间的交流和学习，共同提升家庭教育的质量。

优化学校心理健康教育资源配置。学校加大对心理健康教育资源的投入，包括设立专门的心理健康教室、购买心理健康相关的教学设备和软件。引进专业的心理健康教师或心理咨询师，为学校提供专业的心理健康教育和咨询服务。开设心理健康课程和开展心理健康活动，如心理健康讲座、心理剧表演、情绪管理训练等，帮助儿童达到健康的心理状态。

建立家校合作共育的激励机制。学校设立家校合作共育的奖励机制，对在家校合作中表现突出的家长和儿童给予表彰和奖励，激发家长和儿童的积极性。鼓励家长参与学校的决策过程，如学校发展规划的制定、教育活动的组织等，让家长感受到自己的价值和影响力。开展家校合作共育的经验交流活动，分享成功的案例和经验教训，促进家校之间的互相学习和借鉴。

寻求专业指导与支持。学校与心理健康机构或专家建立合作关系，为学校提供心理健康教育和咨询的专业支持。开展心理健康教育的专题研究，探索适合家校合作共育模式的心理健康教育方法和途径。邀请心理健康专家参与学校的心理健康教育活动，为家长和教师提供专业的指导和建议。

五、成功案例分析与启示

成功案例一：幼儿园“家园共育”项目。某幼儿园意识到儿童心理健康的重要性，与家长共同开展“家园共育”项目，旨在通过家校合作，共同促进儿童心理健康的发展。幼儿园每月举行一次家长和教师共同参与的沟通会议，讨论儿童在园和在家的情况，分享教育经验和心得。幼儿园开设专门针对儿童的心理健康教育课程，邀请家长参与，共同学习如何培养孩子的健康心理。组织各类亲子活动，如户外拓展、亲子阅读等，增进亲子关系，提升家庭教育的质量。通过“家园共育”项目，儿童心理健康状况得到显著改善，自信心、情绪管理能力等方面均有较大提升。家长对幼儿园的教育工作满意度大幅提高，家校关系更加和谐。通过“家园共育”项目，我们发现定期沟通是家校合作的关键，有助于增进双方的了解和信任；可以引入专业的心理健康教育课程，提升家长和教师的教育能力；亲子活动是加强家校合作的有效途径，能够增进亲子关系，提升教育质量。

成功案例二：小学“心理健康家园”计划。某小学针对儿童心理健康问题，与家长共同制订“心理健康家园”计划，通过家校合作，共同构建儿童心理健康的保障体系。学校为每个儿童建立心理健康档案，记录儿童的心理健康状况和变化。定期邀请专家为家长和教师举办心理健康讲座，传授心理健康知识和教育方法。建立家校互动平台，方便家长随时了解学校的教育动态和儿童的在校表现，家长也能向学校反馈家庭教育中的问题和困惑。通过“心理健康家园”计划，儿童的心理健康问题得到有效预防和干预，减少了心理问题的发生。家长和教师的心理健康意识大幅提升，能够更好地关注和支持儿童的心理健康发展。通过“心理健康家园”计划，我们发现建立心理健康档案有助于及时发现和干预儿童的心理问题，心理健康讲座是提升家长和教师心理健康素养的有效途径，家校互动平台能够加强家校之间的联系和沟通，使双方共同关注和支持儿童的心理健康发展。

成功案例三：某中学针对初中生心理健康问题，联合家长和社区资源，推出了“心理健康成长伙伴”计划。该计划旨在通过多元化的家校合作方式，为儿童提供全方位的心理健康支持。学校定期组织家长参加心理健康培训，培训内容包括如何识别孩子的心理问题、如何与孩子沟通、如何营造家庭和谐氛围等。根据家长的反馈，培训效果良好，超过85%的家长表示培训后能够更好地理解和支持孩子的心理健康发展。学校聘请专业的心理健康导师，为每位儿童分配一名导师，负责定期与儿童沟通，关注儿童的心理健康状况。导师通过定期的沟通，与家长共同制定个性化的心理健康教育方案，确保儿童得到个性化的支持和指导。成立由家长代表、教师代表和心理健康导师组成的联络小组，定期召开会议，三方共同讨论和解决儿童心理健康问题。联络小组通过定期分享案例、交流经验，不断提升家校合作共育的能力。学校与社区心理健康机构建立合作关系，引入社区心理健康资源，为儿童提供更加丰富的心理健康支持。社区心理健康机构定期到学校开展讲座、工作坊等活动，帮助儿童和家长更好地了解心理健康知识。通过本次“心理健康成长伙伴”计划，儿童心理健康状况得到显著改善，心理问题的发生率明显下降。家长对学校的心理健康教育工作满意度大幅提高，家校关系更加紧密，儿童整体心理状态更加稳定，学习积极性和自信心明显提升。此次“心理健康成长伙伴”计划参与培训的家长人数达到90%以上。心理健康导师制度覆盖全校所有儿童，导师与儿童比例达到1∶10。家校心理健康联络小组每季度召开一次会议，平均每次会议解决儿童心理问题超过10个。社区心理健康机构到学校开展活动次数达到每月2次以上。通过此次计划，我们发现家校合作共育模式下的心理健康教育需要家长的积极参与和支持，引入专业的心理健康导师和社区心理健康资源，可以为儿童提供更加全面和专业的心理健康支持，家校心理健康联络小组是加强家校联系和沟通的有效途径，能够共同关注和支持儿童的心理健康发展。

成功案例四：高中“阳光心灵计划”。随着高中儿童学业压力的增加和青春期的心理变化，某高中决定实施一项名为“阳光心灵计划”的心理健康项目。该项目旨在通过整合学校、家长和社会资源，为儿童创造一个积极、健康、支持性的心理成长环境。学校开设必修的心理健康教育课程，涵盖情绪管理、压力应对、人际关系等多个方面。定期举办心理健康主题讲座和工作坊，邀请心理专家进行分享和指导。学校建立心理健康咨询中心，配备专业的心理咨询师，为儿童提供一对一的心理咨询和辅导服务。咨询中心还定期发布心理健康资讯，帮助儿童了解心理健康知识。学校积极与家长沟通，通过家长会、家长学校等形式，提升家长对心理健康的认识和重视。同时，邀请家长参与学校的心理健康教育活动，共同关注儿童的心理健康成长。学校与当地的心理健康机构建立合作关系，引入专业的心理健康资源，为儿童提供更加全面和专业的心理支持。同时与社区、企业等组织合作，开展心理健康主题的公益活动，扩大心理健康教育的社会影响力。学校鼓励儿童自发组建心理健康互助小组，通过同伴间的支持和帮助，共同面对和解决心理困扰。互助小组定期开展活动，分享经验，提升彼此的心理健康素养。通过实施“阳光心灵计划”，该校儿童的心理健康状况得到显著改善，心理问题的发生率明显下降。儿童更加关注自己的心理健康，学会了更好地管理自己的情绪和压力。家长对学校的心理健康教育工作满意度大幅提高，家校关系更加紧密。该计划也提升了学校在社会上的形象和声誉，吸引了更多的优秀儿童报考。此案例再次证明，家校合作共育模式下的心理健康教育是促进儿童心理健康成长的有效途径。

通过以上成功案例的分析与启示，我们可以看到家校合作共育模式下的儿童心理健康教育具有显著的优势和潜力。在未来的教育工作中，我们应该更加注重家校合作的重要性，积极探索和实践有效的家校合作策略和方法，共同为儿童的心理健康发展保驾护航。

六、家校合作共育的未来发展趋势与展望

家校合作共育模式在儿童心理健康教育中的重要性已逐渐凸显，而随着社会的发展和教育理念的进步，该模式也将呈现出更加清晰的发展趋势和广阔的前景。建立健全的家校沟通与合作机制，包括定期的家校会议、线上交流平台等，可以确保双方信息的及时、有效传递。家长参与学校教育决策、家校双方共同制订教育计划等方式，进一步增进了家长对学校教育工作的理解和支持，形成了教育合力。家长将成为儿童心理健康教育的重要参与者和推动者，提升家长的心理健康教育素养至关重要。学校将组织更多针对家长的心理健康教育培训，帮助家长掌握基本的心理健康知识和教育方法，提高家庭教育的质量。

随着心理健康教育的不断深入，教育内容将更加丰富多样，包括情绪管理、自我认知、人际交往等方面。教育形式也将更加灵活多样，如心理健康课

程、心理剧表演、户外拓展活动等，以满足不同年龄段儿童的需求。家校合作共育模式下的儿童心理健康教育需要专业的指导和支持。学校将积极引入心理健康专家、心理咨询师等专业人士，为家长和学校提供科学、专业的指导和建议。政府和社会组织也将加大对心理健康教育的投入和支持，推动家校合作共育模式的深入发展。随着科技的不断发展，家校合作共育模式将借助科技手段实现更加高效、便捷的沟通与合作。例如，大数据、人工智能等技术手段可以对儿童的心理健康状况进行精准分析和评估，为家校双方提供更加科学、个性化的教育建议。网络平台、移动应用等工具可以实现家校双方信息的实时共享和交流，提高教育效率和质量。

家校合作共育模式在国际上也得到了广泛的关注和实践，我国将积极与国际社会开展交流与合作，学习借鉴国际先进的教育理念和方法，推动家校合作共育模式的国际化发展。通过深化家校沟通与合作机制、提升家长心理健康教育素养、丰富心理健康教育内容与形式、加强专业指导与支持、探索科技与教育的深度融合以及加强国际化交流与合作等措施，我们将共同为儿童的心理健康成长创造更加良好的环境和条件。

第二节　家庭教育与学校教育的衔接与互动

儿童心理健康教育是一个复杂而又至关重要的领域，它涉及儿童的情感、认知、社交等多个方面，对儿童的成长和未来发展具有深远的影响。在这一过程中，家庭教育和学校教育都扮演着关键角色。家庭是孩子成长的第一课堂，家庭教育在孩子性格形成、价值观塑造等方面起着基础性作用；而学校教育则提供了更为系统、专业的知识和技能培训，以及社交能力的锻炼。家庭教育和学校教育并非孤立存在，而是相互影响、相互补充的。只有当两者有效衔接与互动时，才能形成教育合力，为儿童的心理健康提供更为全面、有效的支持。这种衔接与互动不仅有助于及时发现和解决儿童在成长过程中遇到的问题，还能够促进家校之间的理解和信任，为儿童的健康成长营造更加和谐的环境。探讨家庭教育与学校教育的衔接与互动，对于提升儿童心理健康教育的效果具有重要意义。本节将详细分析家庭教育与学校教育的差异与联系、互动实践以及面临的挑战与解决方案，以期为儿童心理健康教育提供有益的参考和借鉴。

一、家庭教育与学校教育的差异与联系

（一）两者在教育目标、方法、内容上的差异

家庭教育的目标主要是培养孩子的良好品德、社会责任感和独立生活能力，强调个性发展和生活技能的自我提高。家长通过言传身教的方式，影响孩子的价值观、行为习惯和情感态度，使孩子成为有道德、有责任感、有自信的人。学校教育的目标则更加注重儿童的学术知识和技能培养，以及认知能力和综合素质的发展。学校教育通过系统的课程学习、考试和评估，使儿童掌握必要的知识和技能，为其未来的学习和职业发展打下基础。

家庭教育方法较为灵活多样，通常基于家长的知识和经验，采用个别化的教学方式。家长会根据孩子的特点和需求设计教学计划，注重情感教育和道德引导，通过日常生活中的点滴小事来教育孩子。学校教育方法则更为正式和系统化，通常采用班级授课制，注重学科知识的传授和学科素养的培养。学校教育强调教育的程序化和规范性，通过课堂讲解、作业练习和考试评估等方式来促进儿童的全面发展。

家庭教育的内容广泛而多样，不仅包括基本的生活技能和社交技巧，还涉及道德教育、情感培养、文化传承等方面。家长在日常生活中通过言传身教，为孩子提供丰富的学习体验和实践机会。学校教育的内容则更加注重学科知识的传授，包括语言、数学、科学、历史、地理等学科的学习。学校教育侧重于科学文化和专业知识的教育，旨在培养儿童的学术能力和综合素质。

家庭教育与学校教育在教育目标、方法和内容上存在着明显的差异。家庭教育更加注重个性发展、情感培养和道德教育，而学校教育则更加注重学术知识、认知能力和综合素质的培养。两者并非孤立存在，而是相互补充、相互促进的。家庭教育和学校教育的有效衔接与互动，能够形成教育合力，为儿童的心理健康成长提供更为全面、有效的支持。

（二）两者在教育过程中的相互依赖与补充

家庭教育与学校教育在儿童心理健康教育中相互依赖、相互补充，共同构建了一个完整的教育体系。教育目标的互补性：家庭教育注重培养孩子的品德、情感和社会适应能力，强调个性化和生活化的教育。学校教育则侧重学术知识的传授、认知能力的培养以及社交技能的训练，追求系统化和专业化的教育。两者的目标虽然有所侧重，但相辅相成，共同促进儿童的全面发展。

教育内容的相互渗透：家庭教育中的情感教育和道德引导，为学校教育提供了良好的情感基础和道德支撑。学校教育中的学科知识和社会实践，也为家庭教育提供了更丰富的教育资源和更广阔的视角。例如，家长可以利用学校教授的知识来指导孩子的学习，而学校也可以通过家长反馈了解孩子的兴趣和特长，从而进行更有针对性的教育。

教育方法的相互借鉴：家庭教育中灵活多样的教育方式，如个别化教学、情景模拟等，为学校教育提供了有益的参考。学校教育中系统化、规范化的教学方法，如班级授课、实验教学等，也为家庭教育提供了科学的指导和帮助。例如，家长可以借鉴学校的辅导技巧和方法来指导孩子学习，而学校也可以借助家长的经验和资源来丰富教学内容和形式。

教育过程的相互支持：家庭教育和学校教育在孩子的成长过程中相互支持，共同应对各种挑战和问题。家长可以通过与学校的沟通了解孩子在学校的情况，从而更有针对性地进行家庭教育。学校也可以通过与家长的沟通了解孩子在家庭中的表现和需求，从而制定更符合孩子实际的教育方案。

教育资源的共享：家庭和学校都拥有各自独特的教育资源，如家长的生活经验、社会资源等；学校的专业师资、教学设施等。通过家校合作，双方可以共享这些资源，为孩子的教育提供更多可能性和机会。

二、家庭教育与学校教育的互动实践

（一）家长参与学校教育活动的形式与途径

学校可以定期组织家长会，定期举办开放日活动，邀请家长走进校园，了解孩子在校的日常学习和生活情况。家长可以参观教室、实验室、图书馆等设施，了解学校的教学环境和资源。家长还可以与孩子一起参加学校的课外活动，增进亲子关系，了解孩子的兴趣和特长。学校设立家长志愿者项目，鼓励家长参与学校的各项活动，如图书馆管理、午餐监督、校园安全巡逻等。家长通过参与这些活动，可以更加深入地了解学校的运作情况，增强对学校的信任和支持。家长志愿者还可以成为家校之间的桥梁，促进家校之间的沟通和合作。学校建立家校互动平台（如家长群、学校App等），家长可以通过平台与教师进行在线交流和互动，及时反馈孩子在家中的表现和学习情况，平台还可以提供学习资源、教育资讯等，帮助家长更好地配合学校的教育工作。学校组织家庭教育讲座或研讨会，邀请专家或教师为家长提供家庭教育的指导和建议。

家长可以了解最新的教育理念和方法，学习如何更好地与孩子沟通、引导孩子健康成长。通过讲座或研讨会，家长还可以与其他家长交流心得和经验，共同促进孩子的成长和发展。家长参与学校教育活动的形式与途径多种多样，旨在加强家校之间的沟通和合作，共同为孩子的心理健康和全面发展提供有力支持。通过定期家长会、学校开放日、家长志愿者项目、家校互动平台以及家庭教育讲座或研讨会等方式，家长可以更加深入地了解学校的教育情况和孩子的成长动态，与学校形成合力，共同促进孩子的健康成长。

（二）学校为家庭提供的教育支持与指导

学校建立完善的家庭教育资料库，为家长提供各类教育资源和参考书籍，让家长在家庭教育中有更丰富的素材和依据。提供在线学习资源，如家庭教育讲座视频、教育类App推荐等，帮助家长随时随地进行学习。学校加强对家庭教育指导师资的培训，提升教师的专业素养和家庭教育指导能力，确保为家长提供科学、专业的教育指导。邀请专家进行家庭教育讲座，为家长传授先进的教育理念和方法。学校为家长提供心理健康教育和咨询服务，帮助家长了解孩子的心理发展特点，掌握心理健康教育的方法和技巧。定期组织心理健康讲座或研讨会，增强家长对心理健康教育的重视和了解。

学校根据孩子的个性和发展需求，为家长提供个性化的教育策略建议，帮助家长制订符合孩子成长规律的教育计划。提供学习方法指导，帮助孩子培养良好的学习习惯和策略。学校定期组织亲子活动，如亲子运动会、亲子阅读会等，增进家长和孩子之间的情感交流，促进家庭教育的实施。通过亲子活动，家长可以更深入地了解孩子在学校的表现，让孩子感受到家长的关爱和支持。

学校通过定期的家访、电话沟通、家长会等形式，及时向家长反馈孩子在学校的表现和进步，增进家校之间的沟通和理解。建立家校互动平台，方便家长随时了解学校的信息和通知，也可以向学校提出意见和建议。

（三）家校互动案例分享

案例一：建立家长教师协会，共同关注儿童的心理健康。某小学为了加强家校之间的合作，提高儿童的心理健康教育水平，决定建立家长教师协会。协会定期组织会议，邀请心理专家为家长和教师提供心理健康教育的讲座和培训。家长和教师共同参与制定心理健康教育的课程和活动计划。协会还建立了线上交流平台，方便家长和教师随时沟通儿童的心理健康状况。通过此次活动家长对心理健康教育的重视程度显著提高，能够更主动地与学校合作，与学校共同关注儿童的心理健康。儿童在心理健康方面的表现有了明显的改善，焦虑、抑郁等心理问题得到有效缓解。

案例二：利用现代科技手段促进家校沟通。随着科技的进步，某中学决定利用现代科技手段加强家校之间的沟通，提高心理健康教育的效果。学校开发了专门的App，用于发布儿童的心理健康状况、心理健康教育的课程和活动信息。家长可以通过App与教师进行实时沟通，了解孩子在学校的表现和心理状态。教师也可以通过App向家长推送心理健康教育的知识和方法，指导家长在家中进行心理健康教育。通过App的应用使家校之间的沟通更加及时、便捷，家长能够更全面地了解孩子的心理健康状况。儿童在家庭和学校中的心理健康教育得到了有效衔接，心理健康水平得到了显著提升。

案例三：开展家校共育活动，增进亲子关系。为了增进亲子关系，加强家庭与学校之间的合作，某小学决定开展家校共育活动。学校定期组织亲子运动会、亲子阅读会等活动，让家长和孩子共同参与。在活动中，家长和孩子可以共同完成任务、分享心得，增进彼此之间的情感交流。学校还邀请心理专家为家长和孩子提供心理健康教育的讲座和培训，帮助他们更好地了解彼此的心理需求。通过此次活动亲子关系得到了显著改善，家长和孩子之间的情感联系更加紧密。儿童在家庭和学校中的心理健康状况得到了有效关注和支持，心理健康水平得到了提高。

通过以上三个案例的分享，我们可以看到家校合作在儿童心理健康教育中的主要作用。通过建立家长教师协会、利用现代科技手段促进家校沟通、开展家校共育活动等方式，家庭与学校之间可以加强合作，共同关注儿童的心理健康，提高儿童的心理健康水平。

三、面临的挑战与解决方案

（一）沟通障碍与解决方案

家长和教师都有各自繁忙的工作和职责，难以抽出足够的时间和精力进行深入的沟通和交流。尤其是家长，除了工作外，还需要处理家庭事务和照顾孩子，使得他们难以经常参与学校的教育活动。在家校沟通中，有时会出现信息传达不准确或误解的情况。这可能是双方沟通方式不当、信息表达不清楚或双方对教育理念的差异导致的。尽管现代科技手段为家校沟通提供了便利，但并非所有家长都熟悉和使用这些工具。不同学校和家庭之间的技术平台可能存在差异，导致信息传达的障碍。

学校确保家长有足够的时间和机会了解孩子的在校情况。教师可以通过电话、邮件等方式与家长保持定期联系，及时传达重要信息。在沟通前，教师应明确沟通的目的和内容，确保信息传达的准确性和有效性。家长也应积极参与沟通，明确自己的需求和关注点，以便更好地与教师合作。学校可以组织家长培训活动，教授他们使用现代科技手段进行家校沟通的方法。学校还可以提供技术支持，帮助家长解决在使用工具时遇到的问题。家校双方应建立互信和尊重的关系，避免在沟通中出现误解和冲突。学校可以鼓励家长参与学校的教育活动和管理，增强他们的归属感和责任感。

（二）资源整合的困难与克服

家庭和学校各自拥有不同的教育资源，如家庭的生活经验、学校的专业教育资源和设施等，但如何有效整合这些资源以更好地支持儿童心理健康教育是一个挑战。不同家庭和学校之间的资源差异较大，有的家庭可能拥有丰富的教育资源，而有的则相对匮乏。这种资源不均可能导致教育效果的不平衡。即使家庭和学校都拥有一定的教育资源，但由于缺乏有效的整合机制或方法，这些资源可能无法被充分利用，从而限制了儿童心理健康教育的效果。

学校可建立线上或线下的资源共享平台，鼓励家长和教师将各自拥有的教育资源分享到平台上，方便大家随时获取和利用。平台可以包括教育资料库、在线课程、专家讲座等多种形式，以满足不同家庭和学校的需求。家校之间应加强沟通和合作，共同了解和分析家庭和学校拥有的资源情况，找出可以互补和共享的资源。双方可以定期举行家长会、研讨会等活动，就资源整合问题进行深入交流和探讨。学校可以组织专业的培训和指导活动，帮助家长和教师了解如何有效整合和利用教育资源。培训可以包括资源搜索技巧、资源整合方法、资源利用策略等内容，提高家长和教师的资源整合能力。学校可以积极引入外部资源，如与社区、企业、机构等建立合作关系，共同为儿童心理健康教育提供支持和帮助。外部资源可以提供更多的教育资源和经验分享，丰富家校合作的内容和形式。学校可以建立激励机制，鼓励家长和教师积极参与资源整合工作。例如，可以对积极参与资源整合的家长和教师给予表彰和奖励，激发大家的积极性和创造力。

（三）家校合作中的信任与尊重

在家校合作中，双方对彼此教育理念、教育方法和教育效果的不了解，可能导致信任缺失。家长可能担心学校无法充分关注孩子的个体需求，而学校则可能认为家长对教育的理解不够深入或过于片面。家校双方在合作中可能存在对彼此角色的不尊重，如家长过度干涉学校教育，或学校忽视家长的教育意见。这种不尊重可能导致合作中的矛盾和冲突，影响家校合作的顺利进行。

学校应定期与家长进行沟通，了解家长的需求和关注点，并向家长传达学校的教育理念、教育方法和教育效果。家长也应积极参与学校的活动，了解孩子在学校的表现和学习情况，与教师建立互信关系。家校双方应明确共同的教育目标，即促进孩子的全面发展，包括学术成绩、身心健康、道德品质、社交技能等方面。在此基础上，双方可以共同制订教育计划，确保教育资源的有效利用和教育效果的最大化。

学校应尊重家长在家庭教育中的主体地位，鼓励家长参与学校的教育活动和管理。家长也应尊重学校在教育中的专业性和权威性，积极配合学校的教育计划和工作。学校应建立有效的反馈机制，及时向家长反馈孩子的在校表现和学习情况。家长也应积极向学校反馈孩子的家庭教育情况和心理状况，以便学校能够更全面地了解孩子的发展情况。

第三节　共育模式下的儿童心理健康教育策略与实践

在儿童心理健康日益受到关注的现代社会中，家校合作共育模式成为促进儿童心理健康全面发展的重要途径。这一模式强调家庭与学校之间的紧密合作，共同为儿童营造一个和谐、稳定且充满爱的成长环境。通过双方的有效沟通与资源整合，儿童能够在更加全面的关怀与教育中健康成长。家校合作共育模式下的儿童心理健康教育应关注儿童的个体差异。每个儿童都有自己独特的心理需求和成长特点，在教育过程中应充分考虑儿童的个体差异，为其提供个性化的教育方案。这种个性化的教育方案能够更好地满足儿童的需求，促进其心理健康的全面发展。

一、共育模式下儿童心理健康教育的理念与目标

（一）强调家庭与学校共同承担儿童心理健康教育的责任

儿童在成长过程中，家庭是儿童情感、价值观和习惯形成的摇篮，而学校则是儿童知识、技能和社会化发展的重要场所。家庭和学校在儿童心理健康教育方面都具有不可替代的作用。儿童的心理健康教育是一项系统工程，需要家庭和学校共同努力，形成合力。家庭和学校应该加强沟通与合作，共同关注儿童的心理健康状况，及时发现问题并采取有效措施进行干预。在共育模式下，儿童是教育的核心。家庭和学校应该以儿童为中心，关注儿童的需求和感受，尊重儿童的个性和差异，为儿童提供个性化的心理健康教育服务。

家庭和学校应该共同努力，提高儿童的心理素质，包括情绪管理、自我认知、人际交往等方面的能力。心理健康教育可以帮助儿童建立积极的自我形象，增强自信心，提高适应能力。家庭和学校应该关注儿童的心理问题，及时

发现并预防心理问题的发生。心理健康教育可以帮助儿童建立健康的心态，培养应对挫折和困难的能力。家庭和学校应该关注儿童的全面发展，包括身体、智力、情感和社会性等方面。心理健康教育可以帮助儿童建立全面的发展观念，促进儿童在各个方面都取得进步。

（二）设定明确的教育目标与评估体系

设定明确全面性、具体性、个性化的教育目标，教育目标应涵盖儿童心理发展的各个方面，包括情绪管理、自我认知、社交技能、解决问题的能力等。这些目标应相互关联，共同促进儿童心理健康的全面发展。教育目标应具体、明确，便于教师和家长理解、执行和评估。可以设定“儿童能够在情绪失控时通过深呼吸、数数等方法平复情绪”这样的具体目标。考虑到儿童的个体差异，教育目标应具有一定的灵活性，以适应不同儿童的需求和发展水平。这要求教师和家长充分了解每个儿童的特点，为他们量身定制教育方案。

评估体系应涵盖教育目标的各个方面，包括儿童的心理状态、行为表现、社交能力等。评估内容应全面、客观，能够真实反映儿童的心理发展状况。评估方法应多样化，包括观察记录、问卷调查、个案分析等多种方式。这些方法应相互补充，以提高评估的准确性和有效性。评估过程应尊重儿童的隐私和尊严，避免给他们带来不必要的压力。评估应定期进行，以便及时发现儿童心理发展中存在的问题并采取措施进行干预。评估周期可以根据实际情况进行调整，但一般不应少于一个学期或一年。

评估结果应及时反馈给家长和教师，以便他们了解儿童的心理发展状况并据此调整教育方案。家长和教师之间也应建立有效的沟通机制，共同关注儿童的心理健康问题并寻求解决方案。

二、共育模式下的心理健康教育策略

（一）制订家校共同的教育计划

家校双方应共同明确儿童心理健康教育的目标，使双方在教育方向上保持一致。这些目标应涵盖儿童心理发展的各个方面，如情绪管理、社交技能、自我认知等。建立定期的交流机制，如定期的家长会议、家校联络会议等，以促进家校之间的有效沟通。通过这些会议，家长可以了解孩子在学校的表现和心理状态，学校也可以了解孩子在家庭环境中的情况，从而共同制订和调整教育计划。

家校双方应根据每个儿童的具体情况和需求，共同制定个性化的教育方案。这个方案应充分考虑儿童的年龄、性格、兴趣等因素，确保教育方案的科学性和有效性。家校双方可以共同组织一些联合教育活动，如心理健康教育讲座、亲子活动、家庭访问等。通过这些活动，家长可以更好地了解孩子在学校的生活和学习情况，也可以增进亲子关系，为孩子的心理健康发展创造良好的家庭环境。

家校双方应构建一个有效的反馈机制，确保家长和学校能够及时了解教育计划的实施情况，并根据反馈结果进行必要的调整。这有助于确保教育计划能够持续、有效地促进儿童的心理健康发展。学校定期对家长和教师进行心理健康教育培训，增强他们的心理健康意识和教育能力。这有助于确保家校双方在教育过程中能够保持一致性，并共同为儿童的心理健康发展做出贡献。

（二）整合家庭与学校的教育资源

家庭与学校之间建立资源共享机制，确保双方在教育资源上能够实现互通有无，如心理健康教育教材、专家讲座、心理咨询服务等。学校可以通过建立在线资源平台，如学校网站或专用App，方便家长随时访问和获取相关资源。鼓励家长积极参与儿童心理健康教育活动，如家长课堂、亲子活动等。这不仅可以增进家长对心理健康教育的认识，还可以提升他们在教育过程中的参与感和满意度。家长是儿童心理健康教育的第一责任人，与学校共同制订和实施教育计划，确保教育的一致性和连续性。

学校作为专业的教育机构，应发挥其在心理健康教育方面的专业优势。通过提供心理咨询、心理健康课程等服务，帮助儿童解决心理问题，提升他们的心理素质。学校还可以定期组织专家讲座和研讨会，为家长提供心理健康教育的专业指导和支持。除了家庭和学校资源外，还可以充分利用社区资源来丰富儿童心理健康教育的内容和形式。例如，与社区心理健康机构合作，为儿童提供心理咨询服务；利用社区活动场所，组织亲子活动和心理健康讲座等。

整合教育资源后，需要定期评估教育计划的实施效果，并根据反馈结果进行调整和优化。这可以通过家长满意度调查、儿童心理健康评估等方式进行。充分利用现代信息技术，如大数据、人工智能等，对家庭和学校的教育资源进行整合和优化。例如，通过数据分析了解儿童的心理需求和发展趋势，为教育计划的制订提供科学依据。

（三）推广心理健康教育的先进理念与方法

学校通过各种渠道，如家长会、家长课堂、学校宣传栏等，向家长传达心理健康对孩子成长的重要性，提高家长对心理健康教育的重视程度。明确家庭与学校都是儿童心理健康教育的重要场所，双方应携手合作，共同为孩子的心理健康成长提供有力支持。强调每个孩子都是独特的，心理健康教育应针对孩子的个体差异，提供个性化的教育方案。借鉴国内外先进的心理健康课程模式，结合本地实际，设计适合儿童的心理健康课程，通过课堂教学的方式，系统地传授心理健康知识。

针对儿童可能面临的情感问题、学习压力等，学校组织专业的心理辅导活动，如团体心理辅导、个别心理辅导等，帮助孩子解决心理困惑，提升心理素质。电视、广播、网络等媒体平台定期播放心理健康教育节目，向家长和孩子普及心理健康知识，增强其心理健康意识。探索和实践家校共育、社区参与等新型教育模式，将心理健康教育融入孩子的日常生活中，提高教育的针对性和实效性。

利用数据和信息技术收集和分析儿童心理健康教育的相关数据，如儿童心理问题的类型、发生频率、解决效果等，为教育策略的制定和调整提供科学依据。建立家校之间的信息共享平台，定期发布心理健康教育的相关信息和研究成果，促进家校之间的沟通和合作。加强对心理健康教育教师的专业培训，提高他们的专业素养和教育能力，确保心理健康教育的质量和效果。积极引进具有心理学专业背景的人才加入心理健康教育的队伍，为教育工作的顺利开展提供有力支持。

三、共育模式下的心理健康教育实践

（一）家庭中的心理健康教育活动设计

如“情绪脸谱”游戏，让孩子识别并表达不同的情绪。家长教授深呼吸、数数等放松技巧，在孩子情绪失控时，引导他们使用这些技巧来平复情绪。记录情绪日记，鼓励孩子记录自己的情绪变化，帮助他们识别情绪触发点并学会应对。

家长对儿童进行自我认知培养。如优点轰炸，定期组织家庭会议，让每个成员轮流说出对方的优点，增强孩子的自我认同感和自信心。鼓励孩子在睡前进行反思，思考自己一天的表现和成长，提升自我认知。帮助孩子设定短期和长期的小目标，并鼓励他们为之努力，增强自我驱动力。定期组织家庭活动，如户外探险、烹饪、看电影等，增进亲子关系，提高孩子的情感安全感。家长应多倾听孩子的想法和感受，教导孩子如何清晰地表达自己的需求和情感。与孩子一起制定家庭规则，并解释规则背后的原因，让孩子明白规则的意义并自觉遵守。

家长对儿童进行社交技能培养。模拟不同社交场景，让孩子在游戏中学习如何与人交往、处理冲突等。鼓励孩子邀请朋友来家里玩，提高他们的社交能力和团队协作能力。教育孩子在与他人交往时学会分享和倾听，尊重他人的观点和感受。利用网络资源，选择适合儿童的心理健康视频与孩子一起观看，为孩子普及心理健康知识。挑选适合儿童年龄段的心理健康书籍，与孩子一起阅读并讨论。就某个心理健康话题进行家庭讨论，增强孩子对心理健康问题的关注和认识。

（二）学校中的心理健康教育课程与活动

课程内容包括心理健康基础知识（心理健康的定义、标准、影响因素等）、情绪管理与调节（教授儿童识别、表达、调节情绪的方法，提高情绪智力）、压力应对与心理调适（帮助儿童了解压力产生的原因，学习有效的应对策略，增强心理韧性）、人际交往与沟通技巧（培养儿童的人际交往能力，学习有效的沟通技巧，建立和谐的人际关系）。教学方法采用互动式、体验式的教学方式，激发儿童的学习兴趣，提高其参与度。课程结合案例分析、角色扮演、小组讨论等活动，让儿童在实践中学习和成长；引入心理健康测评工具，帮助儿童了解自己的心理状况，制订个性化的学习计划。

主题活动包括开展以心理健康为主题的班会、团队活动、文化节等，营造关注心理健康的氛围；举办心理健康讲座、研讨会等，邀请专家、学者进行分享和交流，提升儿童的心理健康意识。实践活动包括组织儿童参与心理健康实践项目，如心理剧表演、心理漫画创作等，让儿童在实践中体会心理健康的重要性。开展心理健康志愿服务活动，鼓励儿童将所学的心理健康知识和技能应用到实际生活中，帮助他人解决心理问题。

学校设立心理咨询室或热线，为儿童提供专业的心理咨询服务，解答儿童在心理方面的困惑。邀请心理咨询师、心理医生等专家为儿童提供个性化的心理评估和建议，帮助儿童更好地了解自己的心理状况和发展方向。

（三）家校联合开展的心理健康教育项目

学校定期邀请心理健康专家或教师为家长和儿童举办心理健康讲座，内容涵盖心理健康知识、情绪管理、压力应对等方面。讲座可以采用线上线下相结合的方式，方便家长和儿童参与。通过组织亲子心理健康游戏、心理健康主题班会等活动，增强家长和儿童之间的互动和沟通，促进家庭和谐，提升儿童的心理健康水平。家校联合建立心理咨询与辅导机制，为需要帮助的儿童提供专业的心理咨询和辅导服务。家长可以参与咨询过程，了解孩子的心理状况，学习如何更好地支持和帮助孩子。学校通过发放心理健康宣传资料、开展家庭心理健康教育讲座等方式，为家长提供家庭心理健康教育的指导和支持，帮助家长掌握科学的教育方法和技巧，为孩子的心理健康成长营造良好的家庭环境。

家校双方明确项目目标和内容，制订详细的项目计划。学校加强与家长的沟通和联系，建立家校合作机制，确保家长积极参与项目的实施。整合学校、社区、专业机构等资源，为项目的实施提供有力的支持和保障。定期开展项目评估和总结，及时调整和优化项目内容和实施方式，确保项目的有效性和可持续性。

家校联合开展的心理健康教育项目，可以加强家校之间的沟通和合作，形成教育合力，提高心理健康教育的针对性和实效性。该项目还可以普及心理健康知识，增强家长和儿童的心理健康意识，帮助他们更好地理解和应对心理问题。此外，项目还可以为需要帮助的儿童提供专业的心理咨询和辅导服务，促进其心理健康发展。

四、实践效果评估与反馈

（一）建立心理健康教育实践效果的评估机制

评估机制可监测儿童心理健康状况的变化，评估心理健康教育的实际效果，及时发现教育实践中存在的问题，为改进和优化教学策略提供依据，收集家长、教师和儿童的反馈，提高教育实践的针对性和有效性。评估机制需明确心理健康教育的目标和预期成果，如提高儿童的情绪管理能力、增强自信心等。评估教育内容和方法是否符合儿童的心理特点和发展需求，是否有助于实现教育目标。评估学校或教育机构提供的心理健康教育资源和环境是否充足、适宜，能否支持教育实践的有效开展。评估教师在心理健康教育方面的培训情况和研究支持，确保他们具备提供有效教育的能力。评估儿童参与心理健康教育的程度和方式，收集他们的反馈意见，以了解教育实践的接受度和效果。

评估方法包括问卷调查（设计针对家长、教师和儿童的问卷，收集他们对教育实践的评价和反馈）、观察记录（通过课堂观察、活动记录等方式，了解儿童在心理健康教育中的表现和变化）、案例分析（选择典型案例进行深入分析，探讨教育实践对儿童心理健康的具体影响）、定量评估（采用心理测评工具，对儿童在心理健康教育前后的心理状况进行量化评估，以客观反映教育实践的效果）等。

评估可按以下步骤制订评估计划（明确评估的目的、范围和时间安排，确定所需的评估方法和工具）、数据收集（按照评估计划，使用合适的方法和工具收集评估所需的数据）、数据分析（对收集到的数据进行整理和统计，运用适当的分析方法对数据进行解读）、结果呈现（将评估结果以可理解和有价值的方式呈现给相关人员，如制作报告、绘制图表等）、结果反馈和改进（将评估结果及时反馈给教育实践者，并根据结果制定相应的改进措施和优化策略）。

家校双方根据评估结果，调整和优化心理健康教育的策略和方法，提高教育实践的有效性和针对性。有关儿童心理健康状况的客观数据和分析结果，可为教育决策者提供制定相关政策和措施的依据。通过分享评估结果和反馈意见，家校之间加强了沟通和合作，共同关注和支持儿童的心理健康成长。建立有效的心理健康教育实践效果评估机制是确保教育质量、优化教学策略以及满足儿童心理健康发展需求的重要保障。明确的评估目标、科学的评估要素和方法以及合理的评估步骤和结果应用，可以全面、客观地评估心理健康教育的实践效果，为教育实践的不断改进和发展提供有力支持。

（二）收集家长、教师、儿童的反馈意见

收集家长反馈意见可通过定期家长会（通过定期召开的家长会，向家长介绍心理健康教育的进展和成果，并鼓励家长分享他们的看法和建议，设置专门的讨论环节，让家长畅所欲言）、问卷调查（设计针对家长的问卷，内容可以包括他们对心理健康教育的满意度、认为需要改进的地方、对未来教育的期望等，问卷可通过线上或线下的方式发放，确保广泛收集家长的意见）、电子邮件或在线平台（利用电子邮件或学校在线平台，向家长发送心理健康教育相关的消息和调查问卷，鼓励家长积极参与并提供反馈）、个别访谈（对于有特殊需求或关注点的家长，可以进行个别访谈，深入了解他们的意见和建议）等形式来进行。

收集教师反馈意见可通过教师研讨会（组织教师研讨会，讨论心理健康教育的实施情况，分享成功案例和遇到的问题，并鼓励教师提出改进意见）、教学日志或反思（要求教师记录教学日志或进行课后反思，记录他们在教育实践中遇到的问题、儿童的反应以及自己的思考）、问卷调查（向教师发放问卷，了解他们对心理健康教育的看法、认为需要改进的地方以及他们在教学中的需求和困难）、反馈会议（定期召开教师反馈会议，邀请教师分享他们的经验和看法，并讨论如何改进教育实践）等形式来进行。

收集儿童反馈意见可通过儿童座谈会（组织儿童座谈会，让儿童自由表达他们对心理健康教育的看法和感受，以了解他们的需求和期望）、匿名问卷（设计匿名问卷，让儿童填写对心理健康教育的满意度、最喜欢的活动或课程、希望改进的地方等，确保儿童敢于表达真实的想法）、课堂观察（通过观察儿童在课堂上的表现和反应，了解他们对心理健康教育内容的接受程度和兴趣点）、个别访谈（对于有特殊需求或表现突出的儿童，可以进行个别访谈，深入了解他们的想法和感受）等形式进行。

（三）根据评估与反馈调整教育策略与实践

学校根据评估结果，针对儿童在心理健康教育中的需求和问题，调整教育内容，使其更加符合儿童的年龄特点和心理需求。如果发现儿童在情绪管理方面存在困难，可以增加情绪管理的课程和活动，帮助他们学会更好地表达自己的情感和应对负面情绪。根据教师和儿童的反馈，优化教育方法，提高教育的有效性和吸引力。引入更多互动式和体验式的教学活动，如角色扮演、小组讨论等，激发儿童的学习兴趣，提高他们的参与度。

学校根据评估结果，合理配置和优化教育资源，确保心理健康教育的顺利开展。增加心理健康教育相关书籍、资料和器材的投入，为教育实践提供充足的物质保障。加强师资培训，提高教师的专业素养和教育能力，确保他们能够提供高质量的心理健康教育服务。对于存在心理健康问题的儿童，建立个案跟踪和管理机制，确保他们能够得到及时的帮助和支持。定期对个案进行评估和反馈，了解他们的心理状况和变化，及时调整教育策略和方法。加强与家长的沟通和合作，共同制订个案的干预计划，确保个案能够得到全面、系统的支持。

参考文献

[1] 王欣．儿童心理发展的阶段性规律［J］. 百科知识，2024（3）：78–79.
[2] 张霞．浅谈儿童心理健康教育研究对儿童发展的重要性［C］//广东省教师继续教育学会. 2022年度“粤派名师杯”教育教学改革与创新优秀论文集（一）. 东莞市赖美名师工作室，2023，286–290.
[3] 连榕. 学校心理健康教育读本［M］. 北京：教育科学出版社，2012.
[4] 刘馨. 幼儿园健康教育资源：健康生活［M］. 北京：人民教育出版社，2017.
[5] 苟增强. 心理学基础与应用［M］. 北京：北京师范大学出版社，2016.
[6] 李季湄，冯晓霞.《3—6岁儿童学习与发展指南》解读［M］. 北京：人民教育出版社，2013.
[7] 张劲松. 学前儿童心理健康指导［M］. 上海：复旦大学出版社，2021.
[8] 王沁，郭晓蓓．优化儿童情绪管理的意义及方法［J］. 科技风，2019（30）：208.
[9] 高见见．家庭环境对小学生行为习惯养成教育的影响分析及对策研究［J］. 试题与研究，2022（16）：50–51.
[10] 田会英．儿童情绪表达与社交关系发展［J］. 百科知识，2024（6）：72–74.
[11] 苟银娟．浅谈培养幼儿良好行为习惯的方法与途径［J］. 读写算，2024（7）：74–76.
[12] 雷美英．浅谈小学特殊学生不良行为习惯矫正现状与策略［C］//广东省教师继续教育学会．广东省教师继续教育学会第六届教学研讨会论文集（五），2023.
[13] 盛彩霞．基于互联网视域的孩子不良习惯矫正策略再思考［J］. 科普童话，2019（18）：96.
[14] 刘东斐，李志荣．体育锻炼对青少年社交能力改善影响的研究进展［J］. 湖

北体育科技，2023，42（7）：617-620.
［15］圆圆. 注意培养儿童的自尊［J］. 家庭科技，2017（12）：17.
［16］常鑫，毕甜甜. 学前儿童家长行为对儿童模仿的教育影响［J］. 黑龙江教师发展学院学报，2023，42（11）：134-136.
［17］马静，王美璇，尹兆梦. 家校社协同助力儿童情绪管理与社交能力提升［J］. 人民教育，2021（24）：36-38.
［18］宋亚玲. 家庭教育环境对儿童心理健康的影响［J］. 科教导刊（中旬刊），2011（2）：86-87.
［19］秦宗愚，陈世文，汪兴强. 中职学生自我认知教育的实现途径［J］. 学周刊，2024（11）：47-49.
［20］黄浦芳. 家庭教育对儿童心理健康的影响［J］. 中国学校卫生，2023，44（3）：485.
［21］傅佳涵. 儿童心理健康及行为问题与家庭教育的关系探讨［J］. 试题与研究，2023（2）：133-135.
［22］路丹. 家庭环境对儿童情绪管理的影响研究［D］. 重庆：重庆师范大学，2016.
［23］刘冰灵. 幼儿情绪管理能力家庭影响因素的研究［J］. 幼儿教育研究，2018（4）：61-62.
［24］吴玲玲. 4-6岁幼儿情绪理解发展及其与家庭环境的联系［D］. 上海：华东师范大学，2008.
［25］江萍. 家庭教育对小学生良好行为习惯养成的影响［J］. 试题与研究，2021（11）：183-184.
［26］贺玲. 家庭教育对小学生良好行为习惯养成的影响分析［J］. 科幻画报，2019（11）：191.
［27］李启勇. 小学生不良行为习惯的现状分析及转化策略［J］. 新课程（上），2018（12）：215.
［28］李金成. 农村初中生不良行为习惯的成因及矫正对策［J］. 教育界，2012（20）：128，131.
［29］王淑荣. 自闭症儿童社会交往能力培养策略探析［J］. 中国特殊教育，2015

（7）：34-38.

［30］赵程，戴斌荣. 儿童负面评价恐惧和社交焦虑［J］. 中国健康心理学杂志，2016，24（11）：1746-1749.

［31］KOSZALKA-SILSKA A，KORCZ A，WIZA A.Correlates of Social Competences among Polish Adolescents：Physical Activity，Self-Esteem，Participation in Sports and Screen Time［J］. Sustainability，2021，13（24）：13845.

［32］DIMECH A S，SEILER R. Extra-curricular sport participation：Aypotential buffer against social anxiety symptoms in primary school children［J］. Psychology of Sport and Exercise，2011，12（4）：347-354.

［33］欧平. 和谐家庭教育与儿童心理健康的关系探究［J］. 科教导刊（中旬刊），2014（10）：218+251.

［34］刘广增，潘彦谷，李卫卫，等. 自尊对青少年社交焦虑的影响：自我概念清晰性的中介作用［J］. 中国临床心理学杂志，2017，25（1）：151-154.

［35］HOU Y，WANG G H. Intervention effect of physical exercise on social anxiety of left-behind children［J］. Journal of Sport Psychology，2021，30（4）：116-223.

［36］REN Y J，LI M L. Influence of physical exercise on social anxiety of left- behind children in rural areas in China：The mediator and moderator role of perceived social support［J］. Journal of Affective Disorders，2020，266：223-229.

［37］BAHRAMI F，MOVAHEDI A，MARANDI S M，et al. The effect of karate techniques training on communication deficit of children with autism spectrum disorders［J］. Journal of Autism and Developmental Disorders，2016，46（3）：978-986.

［38］CAI K，YU Q，HEROLD F，et al. Mini-basketball training program improves social communication and white matter integrity in children with autism［J］. Brain Sciences，2020，10（11）：803.

［39］MOVAHEDI A，BAHRAMI F，MARANDI S M，et al. Improvement in social dysfunction of children with autism spectrum disorder following long term Kata techniques training［J］. Research in Autism Spectrum Disorders，2013，7（9）：1054-1061.

[40] 茨达齐尔．教育人类学原理［M］．李其龙，译．上海：上海教育出版社，2001.
[41] 博尔诺夫．教育人类学［M］．李其龙，译．上海：华东师范大学出版社，1999.
[42] 武尔夫．教育人类学［M］．张志坤，译．北京：教育科学出版社，2009.
[43] 常鑫．宋代自学的郁勃及其对教学改革的启示研究［D］．哈尔滨：哈尔滨师范大学，2016.
[44] 王东．论诚信观的培养［D］．大连：辽宁师范大学，2008.
[45] 邹宏秋．论高职人才培养中的学生自我认知教育［J］．教育探索，2005（12）：40–42.
[46] 张春兴．论心理学发展的困境与出路［J］．心理科学，2002（5）：591–596+583–640.
[47] 何垚，黄希庭．自我肯定的潜在机制与影响因素［J］．西南大学学报（社会科学版），2012，38（2）：53–61+173–174.
[48] 张元．自我认知的实现路径［J］．宁夏社会科学，2013（5）：127–131.
[49] 孙志明．基于中职学生核心素养培育下的社团活动构建与实施［J］．职业教育（中旬刊），2021，20（7）：63–64.
[50] 曾俊香，陈远盛，周报春，等．中职生社会实践调查分析［J］．职业，2014（29）：70–72.
[51] 王静．学前流动儿童心理健康问题表现及成因的质性研究［D］．沈阳：沈阳师范大学，2016.
[52] 李俊丽．浅谈儿童心理健康与家庭教育的关系［J］．新校园（中旬），2015（7）：30.